天下文化
BELIEVE IN READING

社會人文 BGB 565

【卷二】

星雲大師的身教與言教

——弟子如是說

高希均、王力行 策畫
依空法師 主編

目錄

總序・緣起

依空法師　佛光山文化院院長

師父圓寂了，如夢如幻，那麼不真實，但是他真的走了！

二〇二三年二月五日，上午九點，我和師兄慈莊法師，還有覺培法師三人，到長庚醫院加護病房去探望師父。師父意識清楚，聽到我們的聲音，眼睛睜開，口不能語，手不斷向空中抓取，好似要叮囑什麼？事先告訴自己不能哭，不聽話的眼淚已潸然如雨下。這一見，是五十年師徒的最後一面，要再相見，要等待阿僧祇劫的殊勝因緣。

下午四點多，師父坐著車回到了佛光山開山寮。下午五點，同行的醫生告訴我們：「師父圓寂了！」早在十年前，您發表了〈真誠的告白〉，就告訴我們說：「我準備好了，你們準備好了嗎？」我們永遠也無法準備好接受這天的到來。您像熟睡般端坐在舍利龕中，就像您平時倚靠在椅子上假寐一樣安詳。當圓形的頂蓋嵌合桶身時，我驀然驚覺從此再也無法面對面向您請益，因為您已證入無餘涅槃的甚深禪定之中。

於是各界的讚頌、緬懷、追思如潮水般湧來，文化界以專書來報導您的菩薩行誼。三月十一日，和您有三十多年情誼的方外知交高希均教授、王力行發行人，率領遠見．天下文化事業群的同仁，為您舉辦了「星雲大師的光輝紀念茶會」，邀請了趙怡總會長、沈春華真善美媒體得獎人，以及弟子依空、滿謙、覺培我們三人，從不同角度來話說師父的種種。高教授甚有「遠見」，要我們把語言的敘述，轉化成文字的記錄，以享十方的讀者親炙師父的身教與言教。

師父一向教導我們要集體創作，況且三月十四日，我們即將有羅馬梵諦岡之行，心保和尚將率領大家去進行佛教與天主教的宗教交流。面對天下文化三月底的截稿日期，一個人在時間如此緊迫、行程如此緊湊，主要是師父的成就貢獻是多方面的，如果靠一個人來撰寫師父的一生，實在如以蠡測海，無法觀其全貌。我們決定邀請佛光山五大洲的眾弟子，和師父各有獨一無二的因緣，而且必須是快筆的人來撰稿，以解燃眉之急。隨緣地邀請了三十二人，每個人都放下手邊的繁重工作，從歐洲、加拿大、印度、日本、馬來西亞、菲律賓、大陸、台灣等各地，如期地交稿。更有人躺在醫院動手術，忍著傷口的痛奮筆疾書，只為了表達對師父的深深孺慕之情！

三十二人，不是特定的數字，佛光山一千多位弟子，每個人和師父都有特殊的因緣，每個人一定私藏有許多和師父的精采公案和故事。希望這本書能夠抛磚引玉，今後能夠有更多闡述師父的書籍出版。這本書倉促之間完成，不管文采如何，每個人都「人真、情真、文真」，真摯真誠地呈現一位大師的偉大典範！是為序！

一顆芝麻球

慧龍法師
佛光山清德寺住持

佛光祖師受褒揚，三聖垂慈護吉祥，
乘願再來度眾生，永續慧命福德增。

跟距今兩千六百多年前佛祖釋迦牟尼佛一樣，佛光山開山祖師星雲大師堪稱近代佛教史上舉世聞名的偉大成就者，集宗教家、思想家、教育家、哲學家、文學家、書法家等榮耀於一身。

師父星公上人圓寂以來，直到今日，內心深處仍不時湧現濤天巨浪，令我哀傷逾恆，悲痛萬分。哀傷逾恆的是，從此失去一位如慈父、如靠山的師父上人；悲痛萬分的是，成住壞空，無法以自己折壽的方式，讓師父上人多活十年八載。

在為師父上人守靈的短短幾天裡，腦海浮現師父在世時的諄諄教誨，如果沒有追隨他出家，自己或許只是一個冥頑不靈、庸庸碌碌的販夫走卒；沒有師父的用心栽培，就沒有今天的慧龍。

我母親李新肅老菩薩生前最津津樂道的是：她的父親（慧和法師）、妹妹（慈莊法師）和兩個兒子（慧龍、慧傳）都跟著大師在佛光山出家，她說這是祖上有德，願外祖父及母親兩位老人家能在極樂蓮邦歡喜重逢。

我十三、四歲就跟隨大師，民國五十六年五月十六日，親眼見證佛光山在高雄縣大樹鄉興田村開山動土，我跟著眾師兄同心協力，披荊斬棘，日出而作，日落而息。

民國五十八年，嘉義佛教會請師父主持「彌陀法會」打佛七，我在後面助唱，有位師兄在蒐集大師念佛錄音檔，準備製作流通的錄音帶，他說，慧龍聲音宏亮，和師父的聲音很像。

師父說：「一點都不像，我念的是阿彌陀佛，慧龍念的是阿彌陀啊。」聽到這段轉述，我才更正念為阿彌陀佛，真佩服師父能從錄音檔辨出真偽。我因為書念得不多，難得啟齒講幾句佛法與人分享。有一天，師徒單獨相處時，師父教導我不要膽怯，要勇敢去嘗試，這是大師給我這一生最大的鼓勵。所以我今天能為信徒開示佛法，要特別感謝師父早年為我打氣的這段金玉良言。這些年來，師父給我舞台，舉凡佛光山舉辦的萬緣水陸法會、三壇大戒、禪淨共修法會、供佛齋天、三時繫念、行腳托缽等等，都給我參與的機會。

四十幾年前，我擔任佛光山大覺寺男眾寮的當家，同時擔任師父的侍者，時間長達三年。當年師父也住在男眾寮房的一間單人房，擺設簡單樸素，一張床、衛浴設備、一張書桌。每天清晨趁師父起床以前，我早已把法堂外面的庭院打掃乾淨。師父到了法堂上班，我立刻清理房間，擦拭浴缸、窗戶、桌子、地板、摺疊棉被，整理得井然有序，一塵不染。

三年期間，師徒倆從未在房間內碰過面，有一次師父臨時返回寮房，兩人不期而遇，他稱讚我是第一侍者。有一天，我出外參加法會，請女眾侍者代替打掃師父房間。師父問：「慧龍到哪裡了？」原來師父明察秋毫，發現房間跟我整理的不一樣。我很榮幸，先擔任平和尚的侍者，再擔任師父的侍者，等於做過佛光山兩代住持的侍者，平和尚也稱讚我是最好的侍者。

有一年，我因膽囊結石到台北榮民總醫院開刀，出院後，在普門寺靜養，師父專程北上探望。某日，我很晚才返回寺院，侍者趕緊通報：「慧龍回來了。」即使夜已很深，師父仍在方丈室等我，對我表達關心。師父早些年也因膽結石開過刀，他幽默地說：「慧龍啊！我們都是無膽族。」多少年過去了，每次憶及此事，都會感到非常愧疚，由於自己晚歸，讓師父等到三更半夜。

很多人或許好奇會問：大師是否曾送你墨寶？師父早年在台北榮總做完心臟開刀手術，為方便每週回診，就近在陽明山租屋調養。病癒後，我們幾個照顧師父的徒眾，每人都獲得書有「小山蘭若」的墨寶，彌足珍貴。

擔任師父上人侍者期間，是我耳濡目染、勇猛精進的寶貴時光，每天從師父上人的身教、言教，增長見識，開拓視野。我驀然發覺，站在「仰之彌高」的師父上人身邊，才恍然大悟自己是多麼地淺薄和渺小，激發我砥礪志節，奮發向上，虛心學習的原動力。

民國五十七年起，我在佛光山萬壽園擔任執事十年，有一年突然降下豪大雨，我照例出去巡視，然後報告師父一切正常，卻無意間頂撞了師父，他要我再去巡視時，赫然發現有一處山體嚴重崩塌，一時間自己也嚇壞了。這次豪大雨造成的崩塌，總共花費好幾百萬元的補強工程費。自開山以來，每逢颱風下雨，師父都會親率大家全山巡視一遍，確保萬無一失。

年少時期，我個性頑皮，常常不守佛門規矩，譬如出坡時不戴斗笠，沒穿羅漢褂，自忖僥倖不會遇到師父，偏偏有一次巧遇師父，他說：「你沒有羅漢褂嗎？我拿一件給你。」我當下向師父認錯，並到佛前求懺悔。

民國七十六年佛光山開山二十週年舉辦「台灣南北行腳托缽法會」，祈求國泰民安，風調雨順，由平和尚帶領一百零八名僧眾，以一個月時間從台北走到高雄，全程五百公里。平和尚走累了，囑咐我走在隊伍最前頭，沿途度了不少大眾，訓練我和其他僧眾堅忍不拔的毅力。行腳走回佛光山，見到師父時，當場熱淚盈眶，慶幸自己不負使命，完成了一項不可能的任務。我因為晒得滿臉黝黑，被形容很像包公，只剩下牙齒是白的。類似的五百公里行腳托缽，我總共走過兩趟，已成為我生命中甜美的回憶。

民國七十二年九月九日中午時分，是我這輩子生命交關的日子，發生重大車禍，險些喪命。當年因為萬壽園即將落成，我剛考過汽車駕照，開車到高雄壽山寺要請回一尊地藏王菩薩。壽山寺當家依敏法師問：「你要怎麼請呢？」我不假思索地說：「就把祂綁起來，綁在座位上。」於是，我就把這尊已被信徒供奉五、六十年的地藏王菩薩綁在車子前座。因為講話不得體，鑄成大錯，冒犯了天地神靈，開車返回佛光山途經姑婆寮路段，發生嚴重碰撞車禍，當場陷入昏迷，幸經好心人緊急送往高雄阮綜合醫院急救。根據醫師敘述，我被送抵醫院時，血壓已驟降到近乎零，前後施行好幾次電擊，手臂、肋骨等多處骨折。

當時原本要隨師父到馬來西亞弘法，因為萬壽園缺乏人手，故未能成行，注定躲不過這場車禍劫難。車禍發生後，佛光山僧眾連續三天三夜恭誦〈大悲咒〉，才把我從鬼門關救回來。師父返國後，馬上到醫院探視，巧遇前來探病，正在高雄服兵役的弟弟慧傳，促成大師把慧傳度進佛門的一段佳話。我這條命能撿回來，一者感謝醫院搶救得宜；二者感謝在車上毫髮無損的地藏王菩薩在車禍瞬間顯聖護住我的軀體；三者感謝師父上人以越洋電話交代佛光山僧眾誦念三個晝夜的〈大悲咒〉祈求觀世音菩薩救苦救難。

大師圓寂停靈在佛光山雲居樓期間，我請人去買芝麻球，擺在靈前供桌上，這是有典故的。師父生前喜歡吃酥酥軟軟的芝麻球，當年在台北榮總準備動心臟手術時，長老說不能吃芝麻球，怕不好消化。我擔任侍者照顧師父，便偷偷地跑出去買回一包熱騰騰的芝麻球，師父吃得很高興，他說：「慧龍最孝順。」長老獲悉此事，我被責罵了一頓。

為了對師父上人盡最後的一份孝心，我因此請人買來芝麻球，禮敬供養。我淚流滿面跪在師父的靈前祝禱：

「慈悲的師父上人！今天您老人家功果圓滿，安然生西。蓮邦喜添新佛，東土卻喪失了一名德高望重的仁慈長者。」

「慈悲的師父上人！徒兒慧龍從年少時期便跟隨著您，是您把這個懵懵懂懂的孩子一路帶大，師恩如須彌山高，慧龍會永銘在心。」

「慈悲的師父上人！今後再也聽不到您叫我的名字了。徒兒慧龍買了您老人家最喜歡吃的芝麻球，請您好好享用，我再也不必擔心因為買芝麻球孝敬您而被長老罵了。」

如今與師父上人已天人永隔，留給世人和弟子們無限的感傷和哀思，如果有來生，我下輩子仍願意做師父上人的徒弟和第一侍者，終身追隨，無怨無悔。

許「佛」一生不退票

依照法師　宗委會宗祖殿堂主

依照

與朋友相約去打佛七，您受邀來主七，隔日清晨我隨手掃著庭院，偶遇您散步園中。您說來佛光山走走呀！我回答好。就這樣上了山，就這樣留在山上幫忙，當了義工三年。因緣的成就，覺得出家也不錯，這一念，我在您座下披剃，結下一生的師徒緣。

二十三歲出家，我向來話多，自然與師父對話也就多，您知我不愛讀書，讓我帶朝山團、解法語、當香燈……每學期轉換單位去學習，一結業您就指派我到朝山會館廚房當主管，而我什麼也不會。被廚房的工作人員刁難成了日常，也磨練我找食材、選菜、配菜、做菜的技能。學會廚房事務，您又派我管理餐廳，這是不同的學習，前堂要能了解香客信徒的需求，服務至上，更重要的是廣結善緣。從沒有想過出家要經過這麼多考驗，有時也起念：「我為什麼來出家？」但這念頭很快熄滅，因為師父您對我的愛護勝過自己的孩子，我捨不得離開這個家。

有天，您叫我去辦公室，跟我說：「慈莊法師在建西來寺，需要會開車、會煮飯、會接待的人，你去辦美國簽證，拿到簽證你就去幫他。」當年師父說一我從不說二，雖然不想去那麼遠的地方，還要離鄉背井，繼而一想就先去簽吧！心想：美國簽證這麼難拿，我又不會英文，應該簽不過，自然就不用去了。不過師父您心想事成，我拿了四年的美簽。

回想當年我是何等福報，師父教會我十八般武藝，也給我很大空間，但也因為年輕不懂事，常惹師父生氣。回想有一次從台北開車送您回佛光山，您趁這空檔沿路教導我，但難免指責，一路沒停，我心裡愈來愈不高興，竟然叫您不要囉囉嗦嗦。您告訴我：「我是師父，我有責任必須教你！」回到山門把車停路邊，請您下車，您說車子是您的，我便下車跑了，您在後面沒追趕上……一個多月我不敢見您，您對莊師父說：「師弟做錯事，不敢來見我，你這個大師兄都不會教他來道歉嗎？」您給了我台階下，我當然趕快認錯。師父您如父亦如母的教導，年歲漸長才懂得您的苦心，只是現在跪在您舍利前悔過也遲了。

回憶與您師徒之間的點滴，心中百感交集。幫您開車時，您經常出門巡訪，半路去別分院用餐，吃飯時因您總是吩咐吃麵，但會請香積菩薩拿一碗飯來，大家不解為什麼您吃麵還要一碗飯？您那碗飯是給我的。一段時間後，有天您和我說：「依照！我和你說幾句話，我這裡有半碗麵，你吃下。」師父讓我吃我不能拒絕，但我非常排斥吃麵，邊吃邊問：「為什麼一定要吃麵？」您回我：「不吃麵不像出家人，你吃飯廚房要備菜，增添他們的麻煩。」您教育徒弟總是不疾不徐，觀機逗教，當下極為慚愧，我開始學習吃麵。

有一次您帶朝山團去印度，浩浩蕩蕩三部大遊覽車，路途遙遠又顛簸，當時印度還很不文明，沿路最痛苦的是上淨房，處處可喊停車，但大家還不習慣，不得已的情況之下，還是必須去。停下車男眾集體過馬路，女眾不過馬路，大家總是尷尬但很無奈。有天經過一個小城市，您說：「依照！你下去買個東西，買大一點的，有蓋子的，買三個。」我當下意會去買水桶，您要我一車發一個，告訴大家不得已時可以用。師父！您的心真的很細，極其微小的事都為大眾設想。

自進入佛光山的門下，對您的吩咐與指派我從沒拒絕過，不會的也直說「我不會」，您總答：「問我，我會教你。」在工作需要上，我學會從不選人，您說往東我也從不往西。自外派西來寺、舊金山三寶寺、歐洲巴黎……我一向只問一定要去嗎？要怎麼做？要注意什麼？您教我平常怎麼做就照著做！您還是會提醒指導我，交代我工作上帶人要給下屬空間，疑人不用，用人不疑，要懂得睜一眼、閉一眼，福利要給下屬，他才會幫你，不要與下屬爭功……您的交代我都有遵行。

師父！您問我為何辭去歐洲總住持？因為巴黎佛教界與聯合國共同舉辦浴佛節，南北傳代表上台講話，我代表師父，藉著翻譯傳播師父的理念，大家非常讚歎，但下台私下交流時，我自覺語言不行，歐洲需要一位可以外語弘法的法師。您同意我的看法，給我兩年時間過渡，換妙祥法師接總住持，這段時間大家共同支援，堅守師父您集體創作的理念。

您是苦口婆心的師父，我做錯事您就當眾幫我消災，您說難做的會教我，拒絕別人要有代替，給屬下的方向要明確，我受教了，也無怨無悔地聽從師父教誨，我立下願心當為佛教努力付出，才不辜負師父對弟子的期望。

師父與每個人的因緣不同，每個人心中都有位師父，師父平等心對待每個徒弟，在師父的耐心教導下，剷除我的劣根性，造就我的成長。有位師兄常轉換單位很不定性，師父說：「徒弟是我收的，也說、也罵、也教，他不改變我又奈何？」唉！當師父真的很辛苦。

很慶幸我出家早，師父有精力、耐心教導，在師父身邊很多的不會，也因為師父您給了我做中學、學中做的機會，都學會了。徒眾講習會中，大家談外派甘苦，我真的覺得很幸福，不像其他師兄弟外派非洲、印度、南美，有種種戰事與不平靜，我沒有苦可以談。在法國的信眾多數從事餐飲業，餐廳生意結束都很晚了，我就請他們來拜佛、喝稀飯、吃點心，漸漸他們感覺太晚我很辛苦，就改下午餐廳休息時來道場。慢慢地大家懂得應該自己安排時間來禮佛，這也是師父教的先給人歡喜、方便，要耐心引導。

很多人說佛光山沒有修行，其實人間佛教才是大修行，是在世間修行。師父您的用心，是將佛法融會貫通後，深入淺出地表達，讓我們了解、體會，將佛法運用在生活上。人間佛教的生活化，譬如三好：說好話、做好事、存好心，就是身口意、戒定慧。師父深入淺出地說四給：給人信心、給人歡喜、給人方便、給人希望，就是四無量心，慈悲喜捨，這些佛法都在我們的身體力行中。

師父不但給我很大的空間，也極其信任。很多展館成立後，師父讓我找些刺繡來展覽，跟著師父學看展品，師父囑我買石頭裝置庭園，購買的費用都由師父自己支付，我也為了買石頭費心地研究。師父讓我去緬甸為南屏別院、南台別院及未來寺院找一些玉佛，我雖然不懂，但這是師父對我的信任，我欣然接受。尤其是祖庭大覺寺大雄寶殿的玉佛，更是一個挑戰，也是我無上的榮耀，終不負師父所託，深深引以為傲。

回想師父對徒弟的無為而治，您說三分師徒七分道友，您教育我們，但不干涉，有錯師父承擔，有功勞給徒弟。在師父身上，我看到「師父難為」，每年徒眾講習會那段日子，師父的心情明顯開朗，見到海外的弟子們都回家了，顯得很開心，但會議結束後，您落寞地問：「大家都走了？」看得出您非常捨不得。

師父您教導徒弟總是以不同方式，有一次您去別分院講演，在車上您提及今天長老師兄沒有跟隨，必須要有人翻譯，我建議可讓當地住持翻譯，您也欣然接受。當在講演過程中，您說：「一個女孩子病得很嚴重快要死了。」結果翻譯的人一緊張，說成那個女孩子死了。您即刻就說：「不能死，死了我就講不下去了。」又有一次，您退位後到北海道場過年，要我為您翻譯，您對普門寺信徒說：「普門大開，歡迎大家進來。」我卻翻譯成：「普門大海歡迎大家進來。」您馬上說：「不能進來，大海進來就淹死了！」師父您的幽默指正，讓我銘記心中，有師如此，這是我今生最大的福報。我真慶幸能跟隨您修道弘法。

懷念師父的教導與給予，但師父已遠行……感恩常住給我機會在宗祖殿繼續照顧師父的法身舍利，見舍利如見您，讓我更深切體驗您的佛法真義。

佛

高速公路上的承諾

依宏法師

美國夏威夷佛光山住持

依宏

師父上人在《往事百語》〈感動是最美的世界〉這一篇寫到：「有許多人問我：是什麼力量，使得您在面臨這麼多的橫逆阻難下，還能屢仆屢起，永不灰心？這與我生來容易感動的性格有著密切的關係。由於我很容易被一個人、一件事所深深感動，因此呈現在我心裡的世界，永遠都充滿著光明美好，從而鼓舞我不斷向前邁進。」大師也說：「感動就是佛心，感動就是佛性，感動是不可少的修行。」

師父的這段話，一直是我在實踐佛法道路上的重要啟發，對於別人的恩惠和付出，要時時心存感動感恩，對於自己的所作所為，也要能夠處處感動到別人。

發心出家最吉祥

一九七四年的夏天，我做了一生中一個重大的決定——「出家」。師父說：「出家很辛苦。」我回應：「我出家不是為了享受。」師父繼續說：「出家以後十年都不可以下山。」「我可以一輩子都不下山。」簡短地一問一答後，師父說：「那你回去做準備吧！」我既驚喜又感恩，沒有想到能如此順利地得到師父的應允。

出家後，我的命運開始有了轉變，所見所聞都朝向光明及正面思考。除了感恩和感動，人生也有了方向和目標。我常感到佛菩薩對我的加持，我何其幸運能成為師父您座下的一名弟子，得以親近明師，聆聽您的教誨，開啟我的智慧。

記得出家當天，朝山會館準備了許多素席，幾乎全山的僧眾都聚在一起共進午餐，我原本以為那是出家的儀式之一，聽了大師的開示後才明白，佛教中農曆七月十五日的真正意義是佛歡喜日、僧寶節、盂蘭盆節，所以這一天會舉辦供僧儀式。自從出家那天起，我就將每年的供僧日視為我的重生之日，我感謝師父上人賜與我重生，每到了農曆七月，我感到特別地歡喜開心。

師父的生日也在農曆七月，但他一生惜福，從不讓人為他慶祝生日。直到大師六十歲那年，弟子們請求要為師父祝壽，師父就讓所有徒眾六十歲以上的父母都到山上來一起慶祝。那年，我的母親剛好也六十歲，她特別感到榮幸開心，一輩子都感念師父的大慈悲心，讓她度過一生難忘的生日。

我選擇在農曆七月十五日，也是民間的中元普渡出家，發願以此出家功德回向給累世的父母、師長、祖先，讓他們都能因此功德而獲得超度解脫。之後，師父又將七月訂為「孝道月」，全球別分院道場都舉行誦經、祈福、供僧、法會，並以此功德回向給歷代祖先，將原本民間視為「鬼月」的日子，提升了它的意義和價值。

朝聖禮佛釋迦尊

一九七九年十二月八日，我跟隨師父率領的「印度朝聖團」二百人，前往佛陀的故鄉，在佛陀覺悟的菩提樹下禮拜佛陀，是多麼大的福報啊！這是我這一生所獲得最珍貴的禮物。

沿途的交通工具多半是火車，很長的時間都在火車上，包括睡覺、吃飯。我看見好多貧窮的印度人以車站為家，他們地上鋪著一塊布，一家大小的生活就在那一塊布上。他們對我們很好奇，紛紛圍上來觀看。我們每到一個聖地，就有許多的小朋友圍上來，向我們乞討食物或金錢。

常住準備了一些物資，如禦寒毛毯、衣物和食物等，要與一路上的當地民眾結緣。來印度主要是朝聖，也做了慈善救濟的工作。在佛陀的故鄉，我們很難想像它的落後和貧窮，我心想，這肯定是佛菩薩的慈悲，選擇出世在苦難的地方，來幫助這些受苦受難的人民。

這一趟印度朝聖之旅，讓我和佛陀拉近了距離，也打開了眼界，看到貧窮落後的印度，看到一路上虔誠的佛教徒們，他們懷著思念佛陀的情感，不遠千里而來，匍匐在佛陀的聖地，禮拜誦經。那份虔誠專注的神情，讓我看到佛教徒們信仰的情操，令我心生尊敬和感動。

在菩提伽耶時，有位寺院的住持法師供養師父許多佛陀的舍利。師父很慈悲，把所有的舍利分給每位朝聖團的成員們，我也幸運地擁有了一份，我一路小心地捧回舍利，供奉在大悲殿內。之後，得知彰化福山寺正在興建，於是將舍利供養在福山寺，祈願佛力加持，建寺圓滿順利。

我感恩師父上人的恩賜，讓我藉此朝聖因緣增廣了見聞，親近了佛陀，更增加了我對佛教信仰的認知和信心，並從此發願盡形壽、獻生命，為弘揚佛法、利益眾生而努力。

普門大開納天下

師父在《星雲說喻》〈普門大開〉的文章中提到，當他初到台灣時，曾經歷了一段艱苦的時光，日子裡有過三餐不繼、顛沛流離、走投無路的困境。那段深刻的經歷讓他下定決心，日後一定要普門大開，廣接來者，讓更多人得到幫助。二十年後，師父上人先後在台北成立了「普門精舍」和「普門寺」，教導所有徒眾必須善待信徒，讓每一個前來的人都能滿載歡喜而歸。

我從佛學院畢業後，非常幸運地，第一個服務的單位就是普門寺，當年的住持是慈容法師，他度眾有方，在普門寺開展了許多活動，包括青年會、金剛團、婦女會、兒童班、讀書會、合唱團、才藝班等，接引了來自各行各業、各個年齡的男女老少信徒的參與，將師父上人「普門」的精神發揮得淋漓盡致。就是在那個啟蒙階段，我學到了各種弘法度眾的方法，為我日後在海外弘法奠定了堅實的基礎，這些方法深深地影響了我的成長，對此我心懷無限的感激。

師父說：「無論是創造事業，或拓展理想，主要看你自己的門開得多大？你的心能擁有多少人？心門開得多大，事業就有多大，理想便有多寬廣。」「你的心裡能容納一家人，你就做一家人的家長；你能容納一個鄉，你就可以做鄉長；能容納一個縣，就可以做縣長；能容納一個省，就可以做省長；能容納一個國家，就可以做一個國家的領導人，所謂『心包太虛，量周沙界』即是。」

師父以「普門」二字道出他的胸懷，期許徒眾效法學習。我時刻謹記師父的叮嚀：「世界寬廣，人生長遠，不妨普門大開，廣納天下，讓我們的心任白雲自卷舒，天空自蔚藍。」

海外弘法利群生

一九九一年七月，我跟隨師父上人到加拿大弘法，同時成立了溫哥華、渥太華、多倫多佛光會。師父在離開加國時問隨行人員：「有誰願意留下來在此地弘法，帶動佛光會？」我毫無猶豫地舉起手說：「我願意。」於是，車子在高速公路上滑落附近的交流道，我就在路邊下了車，向大家揮手告別，開始了我在他鄉異地，舉目無親的一段旅程。師父可能會以為弟子我很勇敢，弟子其實是不忍心看師父這般地辛苦，心想：能分擔您絲毫的辛苦，弟子我都是心甘情願的。

有一年回到山上銷假時，跟師父報告多倫多弘法的甘苦，師父的一句話：「你只知道多倫多，你了解你的師父嗎？」令弟子慚愧，痛哭流涕不能自已。是啊！為什麼弟子的世界如此地狹窄，只知道有多倫多，居然不了解您心中有多少需要您操心的事。每次見到您，除了講述多倫多的工作以外，還把所有的煩惱往您身上倒，向您訴苦，從來沒有對您表達問候關心。

在加拿大歷經七年的弘法建寺歲月，每當遇到困難時，總會想到師父的開示：「人恆處在幸福安逸的環境中，缺乏外境的刺激，很容易喪失奮鬥力，如同溫室的花朵，禁不起風吹雨打。人生必須遭遇種種的磨難、挫折與打擊，才能如暴風中的雄鷹，搏擊長空；如狂風驟雨中的海燕，迎擊不退。」師父的這段話給我很大的支持和力量。

一九九八年多倫多道場落成，師父親臨主持落成開光典禮，特別寫了一幅墨寶「多城依宏」送我，說了一句「願力不可思議」，這是您給弟子的一份肯定和期許。

靈山會上願相逢

二〇二三年二月五日晚上，當接到山上通知要儘速回山的消息後，我訂了二月六日的班機，二月八日凌晨三點回到了本山。除了雲居樓傳來一陣陣「南無本師釋迦牟尼佛」的佛號聲外，山上一片祥和、寧靜。

二月十日在傳燈樓四樓的籌備會議上，由宗長、長老們主持，當討論到二月十三日當天的流程時，我心想師父的性格不願意勞師動眾，不輕易麻煩大家，不喜歡繁文縟節，總是給人方便、給人歡喜，所以讚頌會必然是簡單、莊嚴而隆重的儀式。因此，在會議中我斗膽提出把「公祭」項目改成「各界代表向星雲大師哀悼致意」，居然立即得到了主席團的認可，足見大眾同心協力，希望以最圓滿的方式送別師父的那份懇切。二月十三日圓滿完成了追思讚頌會、荼毘、奉安的儀式，全山弟子們遵循您的教導，充分展現了「集體創作」的精神。

二月十四日和尚和長老囑咐叮嚀大家：「要繼續師父上人的弘法理念和思想，不要懈怠，要時時自我檢測和督促。」弟子們都相信師父的精神會永遠留在我們每個人的心中，師父的法身也將遍滿在宇宙虛空之中，師父的光明將會照耀著我們，引領我們一起在弘揚人間佛教的道路上更加地精進努力。會場中師兄弟之間的道情法愛，讓人倍感溫馨和感動不已。

本山及別分院道場的弘法工作並沒有因為師父的圓寂而停擺，大家更是加倍精進努力，更記取您平日的教誨。大師為我們留下的三九五冊《星雲大師全集》，處處都是弟子們學習的法寶和修行的指南。

師父您說要生生世世做和尚，我們也都相信您一定會乘願再來，繼續實踐菩薩道精神。如您所說：「心懷度眾慈悲願，身似法海不繫舟，問我平生何所求，平安幸福照五洲。」因此，無論師父您在何處，我們都會永遠跟隨著您，繼續為世間點亮明燈。我們會是您的千百億化身，把歡喜布滿人間，把光明照亮世間，讓佛光永普照，法水永長流，令法幢不容傾倒，慧燈永不熄滅。祈願靈山勝會時師徒再相逢！

感動的世界最美

依來法師
佛光山慈善院院長

依來

到佛光山十多年，在普門中學、大慈育幼院服務後，出家因緣終於成熟，我與保和尚、慧傳法師在西來寺落成，同時傳授第一屆三壇大戒時披剃出家。第一次見到在宜蘭弘法的大師，是我大約七、八歲的時候，師父很高大，總給我們安定的心，讓我們感到崇敬與希望。他權巧方便的弘法讓我們自然而然地走進寺院，給參加兒童班的我們糖果吃。放學後一心想趕快把功課做好，好去打佛七、念佛。因為佛七結束後能拿到結緣品。上學途中經過雷音寺，習慣進去拜佛，尤其考試前一定要去抱佛腳，雷音寺在我們心目中有滿滿的安全感。

出家的因緣

早年看到師父焚膏繼晷為眾生而忙的身影，遂萌發出家的菩提種子。一九八八年師父在西來寺辦三壇大戒，於是因緣成熟出家了。

一九八八年也是西來寺落成的盛事。師父責成我在落成典禮時讓青年團表演準提咒舞。為了指導青年團，戒子們都圓頂了，我仍頂著三千煩惱絲教跳舞。直到一晚到法堂，師父突然說：「今晚就去落髮，圓頂後，搭海青頂禮認師。」師父接著說：「在佛光山已經那麼久了，老早就是個老參」。

受戒期間，時值美國寒冬，寒風刺骨，師父把他以前使用過的毛線帽和僧袋送給我。他說：「背著僧袋弘法，意喻未來的道路，就是出家弘法。」我收下僧袋，像是接下了弘法重任般，僧袋顯得更加沉甸甸，心中流淌一股暖流，不禁熱淚盈眶。隨後又交代：「舞已經教得差不多了，你去剃度，明天讓他們看到你出家了還可以教跳舞！」師父的幽默、開明，完全不以出家人的規矩來要求人，心裡既感動，又惶恐。

大慈育幼院的挑戰

佛光山在開山之初，山門口時而發現棄嬰，當時實在沒有收養的條件，但是師父的大慈悲心，覺得孩子既然被送到這裡，就是跟我們有緣。然而，這些小孩沒有登記戶口，更沒有姓名。師父說：「沒有關係，就用我的姓。」徒弟們面面相覷，紛紛表示不能讓孩子們跟了師父姓，萬一日後家人要來分佛光山的財產可怎麼辦？師父堅定地說：「如果真有這樣的因緣，我也心甘情願。」所以，早期育幼院的孩子全都跟著師父姓李，至今沒有一個人來向佛光山要過一片屋瓦。

早期院中設施不甚理想，孩子們因陋就簡跟著佛學院學生、小貓、小狗住在一起，育幼院二十一年搬了五次家，一直遷到現址才穩定下來。

學教育的我，原在台北執教鞭，師父說：「你應該回到育幼院，這裡需要專業的人。」一句話讓我懷抱著挑戰的心，嘗試做幼教工作。我們每天要輪流寫工作日誌，有問題在日誌裡提出來。師父弘法再忙也會在日誌批示指導，老師們既是嚴師更是慈母，師父就這樣手把手地指導我們，一步一步地走出佛光山教育的一片天空。

早期的育幼院多蚊蟲，加上孩子貪玩、衛生觀念不足，師父告訴我，要給孩子藝術的人生、快樂的童年，讓他們擁有趣味的生活，外貌乾淨、整齊，行止有禮，孩子們就是佛光山的王子、公主，讓他們活出生命的尊嚴、價值及光彩。如同慈父般的師父總是給我們鼓勵，引導我們用慈悲的愛施以幼教教育。直到育幼院逐漸上軌道，孩子們也改頭換面，這個過程讓我領悟到原來世間苦人多，驀然發現，原來我還可以幫更多的人，做更多的事。

春節將近，師父關心育幼院的幼童有沒有新衣穿？鼓勵孩童要用花車遊行歡喜供養大家。從此，每年春節舉辦義賣、花車遊行三十七年不曾間斷。佛門的教育薰習讓孩子們德容兼備、尊師重道，學習生命靠自己，要勤奮工作，而非靠施捨，佛光山用佛法把孩子教成最好的樣子。

我的徒弟我知道

到非洲弘法前，我在普賢寺擔任住持。一日師父說：「你哥哥在非洲，你去那裡弘法。」師父正式宣布我到非洲弘法，普賢寺的信徒聞訊擔心我的安危，跟師父說：「南非有種族歧視，黑人很兇暴，女眾去很危險。」師父胸有成竹地說：「我的徒弟我知道，我適才適用。他有慈悲的愛心，不會有問題的。」當下我腦袋一片空白，不做多想，一向不會拒絕，都依著師父所言，相信向前有路。

到了南非，我和滿穆法師騎腳踏車挨家挨戶地拜訪由台灣人開設的工廠，吃閉門羹的事時而有之。日子一久，從挫折中發現弘法契機。開工廠的台灣人因為工作忙碌，無暇照顧下一代，孩子在下課了以後，就到工廠辦公室做功課，工廠有數百位非裔人士在工作，父母對孩子有安全的顧慮。所以我從照顧華人移民第二代著手，買乒乓桌、籃球架、羽毛球，說服父母將孩子送到寺院，陪伴他們做功課、準備點心。後來整個社區、新堡（Newcastle）的工廠青年、台灣移民的知識份子，都到道場來運動。

到了暑假，就開辦青少年的營隊，我用「做」感動青少年與父母。師父說感動的世界最美，用感動度眾、用服務來度眾，讓平時只有三、四十人拜佛的佛堂，一到午齋就有一、兩百人來寺院，這就是一個最好的交流。對信眾多關心，看到他們的困難；予以陪伴，協助化解，走出弘法的第一步。正是這份無畏，佛陀的護佑，才能不辱使命，把師父的交代用慈悲去關心南非當地人的困難，圓滿完成使命。

後來又被調派到澳洲位在國家森林公園裡的中天寺，是無尾熊、袋鼠的家，師父說「你要走出去，跟當地的文化教育結合，推展人間佛教」。由於澳洲的宗教教育提倡多元種族、文化，不讓聖經專美。於是發函給寺院鄰近的學校，介紹中天寺是正派的佛教，有東方文化、教太極等訊息。慢慢地，老師帶三五個學生來寺院，現在一年都有一萬多名的學生來道場上課。

我們把中天寺浴佛法會辦在戶外，讓澳洲民眾認識寺院的一磚一瓦、一花一草，傳播佛教的慈悲，莊嚴的內涵。當時以「多一份認識、少一個排斥」的口號，鼓勵更多人前來認識中天寺。主流社會結合就是保護外來民族的最好方式，於是我們邀請州長來參加寺院活動，讓他看到新農莊（New Farm）公立小學的小學生唱〈阿里山之歌〉、〈鳳陽花鼓〉，州長感動地說：「我們政府只是促進多元種族融合，但是中天寺幫我落實了多元種族融合。」

我們用各個民族的舞蹈表演，把澳洲的社會族群結合起來，學習師父的動員方法，邀請孩子來表演，家長自然跟著來了。其次，當學校到中天寺戶外教學時，安排寫師父墨寶、剪紙，一方面發揚中華文化，一方面讓孩子把作品帶回家，如此一來，小小的剪紙、墨寶就成為「中天寺」最佳的文化宣傳。我從這個弘法活動的背後深深感覺到：多一份認識、少一份排斥，這些都是師父的寧靜革命，是師父的身教、言教。

從師父指導的種種細節中，我看到他的無我、為眾生。師父每天為弘法奔波，反觀自己還有什麼苦？菩薩難忍能忍，我給自己的修行功課就是能忍要忍，師父都能忍了，為什麼我不能忍？把師父的大願，化成自己弘法的力量，當在海外遇到種種挫折困難時，我能迎刃而解。

師父輕描淡寫地說：面對外界的批評，那是因為對方不理解我。為什麼要生氣？他不了解我的人間佛教，對方的批評對我個人不增不減，不要因為批評毀謗而自己減少了信心，也不因為人家對我的讚歎又多了什麼榮耀。這些言教讓我深深感覺到師父如三千大千世界的心量，一步一腳印地規畫人間佛教的實踐，從而在聞思修中，把這個思維化成修為。

師父的愛慈悲柔軟

佛光山從師父到所有法師，人人為弘法分秒必爭，給了我很大的警惕，心想我雖不才，不能承擔很多事，但我一定要把師父交代的事情做好，不要讓他為我擔心。其次，也不能讓我的姊姊容法師為我罣礙。這樣的信念成為我弘法的很大動力。師父曾說我：「依來！做什麼像什麼。」對我而言更是一大安慰。

追隨師父出家近四十年，最懷念師父慈悲、柔軟的愛心。不以高高「我是師父」的身分，要求別人「你要跟我一樣」，而是用很柔和且適合對方的方式讓人自然接受，這就是師父的慈悲。譬如給育幼院的孩子們吃好的，不限制素食。一千多位那瑪夏區原住民，因為八八風災，暫住在佛光山福慧家園，原住民喜歡抽菸、吃檳榔，師父要我們在福慧家園外圍設置檳榔區跟吸菸區，不禁菸、檳榔。不吃素的人，到普中門口的牌樓集合，載他們到山下用葷食。由於他們信仰基督教、天主教，於是找牧師、神父來帶領他們禱告。出乎意料之外地，牧師、神父在禱告結束後接著說：「感謝佛陀！讓我完成了上帝的旨意。」一旁的我們忍不住紅了眼眶，我想這就是師父三輪體空的布施，完全為了眾生，沒有對立，一無所求。所以政府官員、記者到災區視察、採訪時，來到佛光山，對災民的安定、有序感到非常驚訝，這就是依師父的指導，先安定災民的心，依著他們的需要，給他們安定。

大師精神在大慈

師父對大慈育幼院的孩子們特別交代：「以前的佛光山比較小，現在佛光山比較大，你們在外面有碰到困難、挫折等等，要回家。」這一句話帶給孩子很大的安心感，表示師公永遠在關心你。

山下有位林先生，有八個孫子，他和兒子都罹癌，兒媳離家出走，家中還有五個孩子，孫子沒人照顧，有的學壞，有的離家半工半讀。師父知道他和兒子的病情後，要我們趕快去把孩子帶來育幼院。

後來，父子的病情每況愈下，自知時日無多的林先生臨終最後交代，希望把五個孩子送到佛光山，當他親眼看到孩子們在山上生活安好，受良好教育，林先生終於放下心中罣礙，往生前寫了感謝信給大師。師父總是隨時關照人間的疾苦，適時伸出援手幫助貧困的人。

早期師父栽培育幼院男院童讀軍校，其中有一個宜蘭的泰雅族男孩，進了海軍士校後，又前往美國西點軍校深造，畢業後沒有往仕途發展，一心只想回到泰雅族，希望將從師父身上學習的慈悲傳到族人。他在擔任頭目期間，舉辦活動、教育族人，遇到挫折或經費困難時，師父一如繼往照拂他心中的小小孩，儘管小孩已經成人，但在師父心中的那份大愛，未曾止息。

師父說：「感動的世界最美。」我們也一直在揣摩師父的「令人感動」。有位七歲的小女孩，母親因病往生，她和哥哥到處流浪，躲在學校廁所睡覺，後來輾轉送來育幼院。她在母親往生時，看到醫生因為器捐「傷害」母親而痛苦不堪，她不想讓母親受傷但自己幼小又無能為力，這個痛苦伴著她成長的歲月，直到考上義大護理系，在成大擔任護理師，這個心病未曾痊癒。她來找我，想到國外留學讀心理系，我推薦她到澳洲讀臥龍岡大學，在拿到碩士學位後，回到成大加護病房照顧兒童，她在發心照護小孩的同時，也治癒了自己。這些都是受到大師、佛光山的影響，把佛教的「無緣大慈，同體大悲」的精神傳播下去！

弘法利生報師恩

永富法師

佛光山港澳深地區總住持

永富

我跟隨師父出家將近四十年了。

高三那一年，母親開刀，有一天我煮了午餐端到她的床邊，母親因為疼痛吃不下東西，我當下有被雷劈到的感覺，深深體悟，未來我再如何孝順，讓父母衣食無缺，都沒有辦法代替父母的身體疼痛。所以當我接觸到佛教說孝順分為大孝、中孝、小孝，打從心底種下了「我要用出家來報答父母的恩情，我要做到大孝」的種子。

接觸佛光山的道場，看到出家人穿長衫的那種自在灑脫，覺得很歡喜感動，就進了佛學院。在學院的學習，只覺得師父很偉大，對大師有一種崇敬。至於師父所倡導的人間佛教，直到在佛光會跟信徒接觸，才明白人間佛教的真義。信徒時有家庭問題、生死問題、情感的問題、工作上的問題，有種種的煩惱問題，佛法如何幫助他們的生活？那就是人間佛教。

把最美好的給人

我印象最深刻的是，二〇〇九年的徒眾講習會上，師父把他親筆所寫的墨寶，一張一張地張貼在整個雲居樓二樓的走廊，送給參與講習會的一千多位弟子跟學生。每一個人都很開心，因為那是師父親筆所寫的墨寶，都是獨一無二的。

上課的時候，師父問大家：「你們拿到墨寶了嗎？」每個人都很開心鼓掌。師父又問了一句：「你們拿到的是你們喜歡的嗎？」當師父發現，原來墨寶不是讓大家選，而是分發領取時，他嚴厲地告誡了承辦人員說：「我這一生，都是致力於把最美好的給人。」聽到這句話，我驚訝地掉下眼淚。師父把每一件事情都很認真地看待，他要把最美好的給人。這句話讓我很震撼，讓我深刻地感受到師父的心量真的好大好大。如果我能夠做到師父的一半，我大概也能夠把眼前的人事物圓滿；如果能夠做到師父的一半，我們也就不會再受輪迴之苦。這句話對我影響很大，我發願，要學習師父，把最美好的給人。

後來，我在承辦任何活動，都會要求細節，因為你要給人美好的。當提供飲食給信徒用餐時，不一定煮得很好、很美味，可是一定要保持溫度。當你願意把最美好的給人，哪怕是掃地、搬桌子，做任何事情，都會去感受現場的人，有沒有因為你的服務，而領納到佛教的美好、佛光山的美好。

「你跟我赴湯蹈火去」

師父的大量大願，來自於他不為自己，完全以利他出發，一路走來就是有善因善緣來成就，也就是佛法說的「一佛出世，千佛護持」。師父常說我們要「四給」，給人的人才富有。師父說「有佛法就有辦法」，要我們放大自己的心量，放下自己的執著，好好地去用心，法緣就可以水到渠成。

一路走來，被師父帶領就是要把事做大。唯有把事做大，才能夠給更多的人有因緣來認識佛教，所以我在學院十年，後來被調派到人事室，處理本山的人事。做了一年之後，師父說：「永富！你太從善如流了，你，跟我赴湯蹈火去。」我毫不考慮馬上應承。

幾天後，師父把我帶到台北道場，擔任佛光會中華總會的秘書長。一到佛光會，師父指示說：你去募集兩千名慈悲愛心人，在中正紀念堂大會師。「慈悲愛心人」活動，對當時年輕的我真的很挑戰，除了佛光會的會員要接受慈悲愛心人的訓練之外，還要集合各個佛教團體、各個宗教的代表，甚至邀請重要官員來參加。

師父說：這兩千位慈悲愛心人，要穿一件背心，背心後面要插「心靈淨化」、「道德重整」、「找回良知」、「安定社會」四根宗旨旗，身上還要配音響，兩隻手拿銅鑼。同時指示我們印一百則的日行一善，每天做一件好事，師父說那叫傳家寶。慈悲愛心人就拿個銅鑼，一邊發傳家寶，一邊講「說好話、做好事、存好心」，三好運動就是從那個時候開始帶動起來的。

佛教徒很內向害羞，他卻要大家勇敢走菜市場、百貨公司、車站等人群聚集的地方。師父要在家弟子學習一種無我的訓練。我那時候就用很白話的方式告訴大家：「我們來做丟臉訓練」。我們走遍全台灣各個道場、各個分會，不斷地去講習、訓練，最後有來自全台的八萬民眾參與，盛況空前。

師父的一句話，就讓我有很多的突破，包括在佛學院的弘法布教車。弘法布教車就是幾噸的大貨車，車身整個打開了之後就是一個活動的舞台，前面側面都可以打開，平台還可以升高，我們重現師父過去下鄉布教的方式，音響自己弄，燈光、電源……都是自己拉線，所有的東西都是學院學生自己動手做，到各處去把聽眾召集過來，成為佛學院學生非常美好的成長回憶。

為了佛教，什麼都可以犧牲

有人聽師父說「佛教靠我」，有時候容易把它當成一個概念，一個口號，但師父一輩子真的都是為了佛教。他從很年輕時，就希望佛誕節能夠成為國定假日，佛教才能夠更有效地去推動淨化人心的社會事業。為了獲得政府、民眾的認同，師父指示當時還在佛光會擔任秘書長的我：「永富你到立法院去，向兩百多位的立法委員，一一拜託連署簽名，來支持我們國定佛誕節的提案。」我的個性是內向又害羞不擅言詞，硬著頭皮跑到立法院，在師父的威德力加持之下，竟然順利地得到兩百多位立法委員的認同連署。隨後跟著師父到全台各個佛教寺院、乃至宗教界去拜託。到每一個地方，師父完全放下身段，不厭其煩地說明、拜託他們成就國定佛誕節。為了佛教，他什麼都可以犧牲，都可以不計較。

經過師父的奔走，獲得了社會賢達人士，以及百萬佛教徒的聯名簽署，最後在一九九九年，經立法院通過，定下國定佛誕節。事後，師父把聯名簽署的榮耀功德，歸給整個佛教界。

後來，師父更指示我去設計佛誕餐、佛誕餅、佛誕卡、佛誕花、佛誕果，帶動社會的商機，借助生意人行銷活力的因緣，讓佛誕節進入到社會的節慶當中，和民眾生活結合在一起。為了國際佛誕節，他甚至要我辦美國帕薩迪那（Pasadena）的那種佛誕花車遊行，當佛教的花車繞行整個台北市，引起很大的轟動。

出家人是財神爺

當我向師父提出願到香港領職，師父反問了我一句：「你不會廣東話，去那裡做什麼？」我說：回歸二十年了，香港人大多會講國語，應該沒有問題。結果我來了之後才發現事態嚴重，因為語言障礙真的是很大，讓我體會到，人不用死亡就會有中陰身，因為我走過去跟義工講話沒有人理我，像中陰身的狀態一樣，我就覺得師父有先見之明，他知道我來香港最大的問題就是語言障礙。

有一次我回到山上，到法堂跟師父報告整個香港紅磡體育館的活動，我怎麼安排工作、信徒的一些反應和回響等等，師父跟我說，「永富啊！做事要做到皆大歡喜喔。」我當下內心有很深的感觸，這裡面是需要多少的修行！師父一輩子都在做皆大歡喜的事業，因此我又回想起師父之前教導我們的：

把最美好的給人。「把最美好的給人」不就解決了問題嗎？能夠把最美好的給出去，自己安心，也能夠跟善美相應的人，就算是不相應，也種下了善美的種子。師父常說人間佛教的修行，就是透過各種人事物的因緣，把善美給予別人、把善美給予社會，然後把不可能的事情變成可能。

我一路來跟隨師父，就是擴大心量，把不可能的事變成可能，包括梵唄音樂會，到世界各地的演出。師父早期來香港，體會到在香港弘法的不容易。香港人愛賭馬，且相信看到光頭的出家人會輸光光，因此計程車司機看到出家人舉手要搭車，連看都不看就飛車而過，所以師父吩咐在香港的弟子，要多給司機小費。這個小小的舉動，後來發生效果，幾年之後一位法師搭計程車，司機知道他是佛光山的法師，竟然說不用錢。他說「星雲大師我認識，我們的計程車隊，每一次載到佛光山的法師都會給我們小費」，拿到小費的司機就在對講機裡面講開。師父在紅磡體育館講演的時候，說出家人是財神爺，所以計程車現在看到出家人都很樂意載。從師父給司機小費，能看到師父的慈悲智慧，改變整個局勢，讓計程車司機有錢賺，然後出家人有計程車坐，真的就是皆大歡喜。

維摩一默一聲雷

十五年前，我在人事上被莫名的誤解和批評，內心很苦悶，只能無奈地忍著，專注在服務信徒、弘法的工作上，做自己能做的事。

有一天收到師父的墨寶，寫的是「沉默雷聲」四個字，就像《維摩詰經》的「維摩一默一聲雷」，我的心聲竟然被師父的一筆字給點破了，當下感動地流下了眼淚。「沉默雷聲」四個字將我重重敲醒，幾個月來所承受的種種委屈煩惱，一掃而空。雖然這幾個月看起來很沉默，但還是充滿了無奈委屈，內心有一種不平的音聲在表述，師父的這四個字讓我明白，原來真正的沉默是一種內在很真實的力量，能泯除外在的種種逼迫。

這讓我體會到，沉默並不是完全沒有聲音，而是要讓它更有震撼力與說服力，因為這張墨寶，讓我灌注了一種法的能量，在面對繁瑣、沉重的人事工作時，比較能夠轉念，用一種安忍的心，專注在弘法利生的工作上。所以我常覺得，我整個人生的後半輩子，就是為弘法利生而存在，回應到師父的圓寂，我想說的一句話就是「弘法利生報師恩」。

讓每一個人都回到佛陀的故鄉

永融法師　佛光山佛陀紀念館副館長

永融

一子出家，九族升天

國中時我就曾許下一個心願，覺得自己屬於大眾，如果把一生的生命只花在一個家庭就太浪費了。因為我發了這個願，才有機會接觸到佛光山這個菩薩道的道場。

見到星雲大師，第一個印象就是，世上竟然有如此慈悲的人。我俗家是一個大家庭，最多的時候有三十八個人，當我投入佛光山這個更大的家庭，感覺更自在，一點都不困難。覺得一生能夠滿願，有福報踏進這個大僧團。

我家雖然不是佛化家庭，對佛教完全不認識，但是我要出家的時候，父親只有一個條件，要阿嬤答應才可以。阿嬤一聽到我有出家的念頭，馬上說：「我們家有積德喔！不然怎麼會有人要出家？」因為「一子出家，九族升天」，所以我一直都是順境的，沒人阻礙。

父親他看到我出家之後認真接引信徒，覺得我沒有浪費這一期的生命，他因此很安心。

「你們有對她笑嗎？」

畢業第一個任職單位就是高雄普賢寺。每次師父到普賢寺，信徒就向師父投訴說，法師都欺負我們。師父因此教導我們學習如何和信徒往來，他沒有說「不可以如何」，而是我們「可以如何」，我第一次發現，原來可以轉換一種方式來跟信徒互動。我們怪總機小姐都不會笑，大師反問你們有對她笑嗎？原來自己要先改變，對方才會改變。師父的教導就是這麼微細，讓我們一步一腳印愈來愈像個慈悲的出家人。

一年後再也沒有信徒跟師父投訴了，都說感謝師父、感謝大師，教導出這批很認真、很努力的法師。

「你們這一群應付僧！」

有一次師父到普賢寺，看到白板行事曆上寫滿了功德佛事，告訴我們：

信徒一輩子護持我們，就是需要那一刻去為他誦經，不可以當應付僧！不要以為做佛事、誦經就可以交代出家人一天的修行，我們出家人該有轉變、淨化社會的責任，要對信徒宣導，來佛寺隨堂超薦也可以表達為親人的功德。殯儀館的空間很雜亂、誦經又不安心，寺院的佛堂很莊嚴，大家在這裡一起誦經，既不會吵到鄰居，也不用罣礙家裡空間小，甚至每個禮拜六可以到寺院誦《阿彌陀經》，立一個牌位，聚集大眾的力量為你的親人回向，功德更殊勝。經過這樣的宣導，隨堂超薦就應運而產生，減輕我們許多苦惱。

師父指導我們，出家人不是高高在上，但也不做人間應付僧，應付社會大眾無限度的要求，讓自己迷失在無限度的超薦佛事，弘法度眾要富有人情味，但也不會為了人情味迷失了自己，每天忙於做佛事，忘記要積極地為佛教的弘法盡一份心。

師父說佛光人先度生後度死，不要以為功德佛事度眾比較快，就忘失了弘法的初衷。他希望我們本著「僧情不比俗情濃」的信念，跟信徒的互動不能忘失自己出家人該有的僧格，把握跟信徒之間的道情法愛，而不是俗情的交往，稱兄道弟。那個年代很多佛教寺院，信徒甚至可以跑到法師的寮房，把那位法師當成自己的子女了。師父教導我們認真地把出家人的僧格樹立好。我深深感動遇到了名師，才不會流於世俗寺廟跟信徒的互動弊端。有些信徒會到處攀緣，在各個寺廟遊走，我心中不以為然，師父說：信徒有信徒的因緣，我們只要正正派派在弘法道路上努力，信徒自然會選擇。原來師父要我們先把自己的事做好，自然就不用怕信徒不來護持，本來「十方來、十方去，共成十方事」，有緣的來，沒緣的我們也祝福，大家都是佛教的信徒，師父的指導讓我們知道什麼叫做胸懷法界：佛陀是大家的，我們只要有佛法，真的就會有辦法。

學習謙虛

常住派我到台南善化慧慈寺做住持，那是我上任做住持的第一個別分院。慧慈寺設有幼稚園，讓佛教的弘法開拓到幼兒教育，這是我再一次的學習。我很珍惜在慧慈寺的服務機會，當時台南地區除了善化慧慈寺，就是永康禪淨中心、福國寺、台南講堂。師父有一天告訴我，「這四個道場要選一個住持，如果選你，你不可以接，因為你接就代表一點都不謙虛。」我感覺師父就是我的知己，他知道我上台、下台都很自在，如果他不教導我要學習謙虛，我就會不客氣地上台了。他們還真的選了我，我一定要學習謙虛，因為還有依培、依潤、覺來法師等前輩師兄，他們在台南都比我久，我應該在師兄的領導下多學習。結果他們執意選我做住持，後來是師父確定由我做住持，我才敢做。師父知道我的心，我今天做住持，如果明天下台，也會很快交出來，不會執著職務的大小，就是一份心，願意去協調每一個師兄。

有人說你做住持，要不要選你可以配合的人？我說不選，因為大家都是一期一會的同參道友很珍貴。我們在台南地區合作愉快，那時候只要回到佛光山，人家就說我們是台南幫的，由此可知我們多合作，在大家的努力下，度了一批僧青年，很有成果。

創意大師

一年後，師父派我到台北道場接當家的職務，師父一句話，我馬上打包行李北上。

那時候的大當家是永平法師，我是二當家，還有負責佛光會的滿淨法師、永樂法師，社教館的永文法師，和十樓美術館的依門法師。所有人都跟師父說，「您敢在這棟大樓用這幾個人的組合，不擔心他們像春秋五霸或是戰國七雄？每一個人都那麼強，不怕弄得道場一團混亂？」我負責十四樓的法務，永平法師是大當家，他負責十三樓客堂，送往迎來，他就是一流的；國際佛光會、中華總會是永樂法師和滿淨法師，他們做副秘書長，台北道場住持慈容法師是秘書長，都是一時之選。永文法師負責十一樓社教館，他可以在一個禮拜內開辦六、七十種的社教活動課程。

佛光緣美術館也是在當時成立。去台北道場之前，我曾去參觀台南奇美博物館，大家都覺得那個博物館很珍貴、很精采，我跟師父說，「師父！畫的都是基督教的十字軍東征，那些都是十五、十六世紀很珍貴的油畫。」師父說：「佛教需要努力，那個年代基督教弘法興盛，所有的藝術家都畫基督教的畫。佛教要能夠接引藝術界的人，才會有藝術家願意為佛教作畫。」所以後來在台北道場，為籌辦佛光大學舉行字畫義賣，師父拿著畫冊問我們「大家覺得哪一幅畫最好，你們最喜歡？」「那一幅蓮花最好看。」因為是張大千畫的。「還有哪一幅畫好看？」大家就選了觀音菩薩。可見我們對佛教藝術完全不懂，師父就這樣引導我們對字畫結下很深的緣。「佛光緣美術館」，就是開啟我們認識藝術文化的一扇窗。

台北道場要辦水陸法會，因為我負責法務，師父要我去租樓下建設公司的七、八、九樓，把各個壇場設在這棟大樓裡，因為功德主羅李阿昭師姐跟這家建設公司是親戚，所以建設公司就免費讓我們用那三層樓。一九九六年，在台北道場第一次辦水陸法會，就是在師父的指導下，開啟了我們在台北辦水陸。

九六年的水陸辦得很圓滿、很歡喜。但我就跟師父說，明年萬一建設公司三層樓賣掉了，我們以後辦水陸法會該怎麼辦？師父馬上指導：直接把水陸七個外壇壇場，設在北部別分院，內壇一樣在台北道場，還是可以辦水陸。每天各個道場都要有一部遊覽車載著信徒巡禮，今天去楞嚴壇、明天去華嚴壇……就是讓大家可以遊走水陸法會的七個壇場。

我想師父您太厲害了，讓我們法界變寬，不設限在一棟建築物裡，讓整個大台北地區都變成水陸壇場。可是第一天薰壇灑淨，怎麼讓和尚來得及走外壇七個壇場呢？師父說，「就比照小人國，你訂做七個飛簷的寺廟模型，把七個壇場標示清楚，各個壇場要誦的經供在裡面，到時候請主法和尚到小人國壇場來灑淨，就等於薰灑了七個壇場。」師父的圓融方便，果然隔年水陸法會，在台北道場十二樓設置的七個飛簷的寺廟模型壇場，大家都覺得好方便、好舒適。我們的師父是一位創意大師。

迎佛牙

一九九八年，恭迎佛陀真身佛牙舍利，師父宣布要在台北道場供奉四個月。我心想怎麼那麼有福報，可以負責佛陀舍利的供奉。師父對我說一定要去做防彈玻璃，佛牙舍利如果丟了，你怎麼賠？沒有看過防彈玻璃的我，就去拜佛：誰可以幫忙做防彈玻璃呢？突然想到有個鄰居是做珠寶生意的，又是佛教徒，一定知道怎麼做防彈玻璃。他馬上幫我找了香港一個藝術家，由慈莊法師指導他們怎麼做。師父還要我們找保全來守護二十四小時，知賓師姐、金剛師兄都來值班，整個大台北地區，只要是來值班的信徒，計程車司機都不收錢；而保全公司的人都會念〈讚佛偈〉，我才體會到什麼叫做「一佛出世，千佛護衛」。

師父發願，要為這顆佛陀舍利建一座讓全世界看得到台灣的佛陀紀念館。他說，你們不要以為有了佛陀舍利，就不用再努力，以後全佛光山的人都要跟信徒一樣，每年供養佛陀紀念館，供養佛陀舍利。信徒供養的是金錢，我們供養的是服務，是弘法度眾的精神力。

二〇一一年佛陀紀念館落成，師父願不虛發，他要讓全世界因為佛陀紀念館，而看到台灣。這是一九九八年師父就已經確立的方向，師父說：我的佛陀和你的佛陀是不一樣的。佛陀在星雲大師的心裡是這樣崇高、圓滿、偉大，而我們是那小小的心。

因為以上和佛陀舍利的因緣，我到佛館任職了。

珍寶入地宮

恭迎佛牙舍利那一年，師父也預先想好弘法的主軸，因此同年國際佛光會宣示行三好：做好事，說好話，存好心，以彰顯佛陀紀念館的核心價值。另外，佛陀紀念館都還沒落成，師父就發起「珍寶入地宮」的活動，多少人響應將具有時代性、紀念性的物品捐贈給佛館，以此宣揚佛陀紀念館的莊嚴、神聖。二〇一一年落成的佛陀紀念館，為什麼可以在二〇一四年就拿到國際博物館的認證？國際博物館協會說，因為佛館的地宮珍寶，就是在為未來全世界的歷史做記錄，保存文化的記憶。由於師父的擘劃，讓國際博物館很快地肯定我們，將佛陀紀念館的格局拉升到國際。

佛光大佛分香我家

佛館落成那年，師父指示舉辦「世界神明聯誼會」，就是覺得佛陀紀念館不是只有人可以來，連天人都會歡喜地來到佛陀座下。為使「世界神明聯誼會」組織化，二〇一五年更成立「中華傳統宗教總會」，做為佛教跟民間傳統信仰的交流平台，讓佛教的接引擴大到各宗教的交流、互動。因為佛陀紀念館的場域廣大，因為師父說未來的世界，如果宗教可以融合，就有辦法世界和平，所以他提供佛陀紀念館做為平台來進行宗教的融合。所有宗教也響應星雲大師這種和而不流的方式，一起參加世界神明聯誼會。

因為參加「世界神明聯誼會」因緣，每一個人受了佛陀的接引，都希望佛光大佛也能夠跟到他家，因此有了「佛光大佛分香我家」。如果每一個人的家裡願意供奉佛光大佛，就是分香到這一家庭，護佑他們全家。這是師父一步一腳印，把佛陀慈悲本懷帶到每個人的心，讓每一個人來到佛陀紀念館，都感覺就是回到佛陀的故鄉。這就是師父一生的心願——「佛光永普照，法水永流長」。

師父加持我的三部曲

如常法師
佛光山佛陀紀念館館長

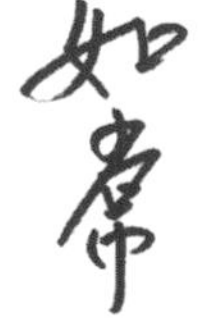

此生我若沒有遇見師父，便是白來一趟人間。

你若問我師父是怎樣的一位智者？《華嚴經》：「若人欲識佛境界，當淨其意如虛空，遠離妄想及諸取，令心所向皆無礙。」最能貼切地表達我親近師父、親近真理的心得：只要深信大師的教法，必定與法相遇，諸事圓滿。

十二字箴言

一九九四年我從佛學院結業，準備北上到台北佛光會中華總會領職的前一天，師父找我談話。到了法堂，師父交代侍者不要跟隨，就帶著我走到雲居樓停車場的戶外，師父看看高屏溪，又看看我，說：「如常，你是大樹人，明天就要去台北佛光會擔任輔導法師，有一件事你一定要記得！」看到師父如此鄭重其事，當下我很緊張，當時的情景，恍如昨日，至今難忘。

師父說：「你一個鄉下孩子去台北，我想你會面臨很多考驗，如果遇到不如意，你一定要找我。」那時我心裡不明白，會是什麼樣的情境，讓師父有所憂心。於是我問師父：「您希望我怎麼做？」師父說：「我送你十二個字。」

我內心感到興奮，馬上腦補了歷史上禪宗五祖送給六祖箴言時的口傳心授，我全身心的細胞都在專注等候。

「做做做、忍忍忍、苦苦苦、等等等，十二個字！你要每天把它當成佛號念，反覆地想，確實地做。」我向師父承諾，一定會依教奉行。接著，師父囑咐我在台北必須堅守三個原則：「第一，主管永遠是對的；第二，主管派給你任何事情，你只能說好，不要問為什麼；第三，即使你有意見，但在所有人面前你都要讚歎你的主管，然後不斷地做。」

師父為我解析歷練的過程：「在做的當中，還要有很大的忍耐，因為你會面對周遭很多的人事物，如果心裡覺得苦，沒有關係，你要等待好因緣，等待你自己經歷足夠的時間，將來有一天，你就可以為佛教做更多的事。」

直到現在，十二字箴言給我很大的力量，對我永遠很重要，我覺得師父在鍛鍊我成為一個宗教師。

佛光

第一部曲——在編書與研究所中奠定根基

回溯我跟師父的因緣，有三部曲，第一部曲是一九九九年。當時師父計畫出版一套十二冊的《佛光教科書》，向佛光會借調我六個月專事編輯。我從美感設計的角度與美術編輯溝通合作，只用了四個月就把整套書完成。二〇〇二年，師父要我主編《世界佛教美術圖說大辭典》，此後更參與多部年度重要大書，如《千載一時：二〇〇二法門寺佛指舍利蒞台灣實錄》、《雲水三千》、《星雲八十》等，讓我有機會更深入於編書之中，也從中認識師父人間佛教的思想理念。

記得當年完成《佛光教科書》後，師父就跟我說：「你有美術的天分，應該再去讀個研究所。」我表達自己出家就是要學習佛法的心意，然而師父的一句話讓我翻轉想法。他說：「你不要學歷，但是信徒要看學歷。」師父希望我去考文化政策以及博物館學領域的研究所。

有一天，師父從口袋抓了一把錢放在我手上，他說：「剩下半年就要考試了，這些錢拿去買考試要讀的書。」二十一年前的五千元並不少，我擔心自己跨領域考研究所，萬一沒考上那不是很沒面子嗎？就跟師父直言不諱我的擔憂：「萬一沒有考上，怎麼辦？」師父幽默地跟我說：「如果考不上，就我們二個人知道而已。」

所幸因緣很好，一放榜，我以第六名的成績考上了佛光大學藝術學研究所。那是二〇〇〇年，師父得知我考上後，又高興又嚴肅地告訴我：「研究所裡有很多在職進修的同學，你有了這些社會上的朋友以及老師，將來你要弘法利生，才有更多的助緣。」

果然，馬英九先生擔任總統時的文化部長洪孟啟就是我的老師，台北市立美術館黃光男館長、歷史博物館張譽騰館長也是我的老師，加上所長林谷芳老師，這些前輩讓我很快與文化界接上了線。後來佛陀紀念館之所以能跟台灣文化界、博物館界如此順利接軌，正是因為這一段善因緣。我很感恩師父對我的栽培，奠定日後我在博物館界的基礎。

第二部曲——在「覺有情」中鍛鍊策展力

二〇〇五年，是我與師父有了更深生命連結的關鍵年，因為我為師父策畫了名為「覺有情」的墨跡展。

那年四月，師父前往馬來西亞弘法，我算準時間，在馬國國家畫廊推出「覺有情——星雲大師墨跡展」。在此之前師父毫不知情，我四處籌借書法作品，將墨跡轉化於陶瓷上、竹刻上，還製作了情境影片，以豐富的形式呈現師父書法的慈悲之美。

直到從台灣要前往馬來西亞時，師父才知道有這一個書法展，他大吃一驚，卻已箭在弦上，基於體念弟子藝術弘法的初心，也就前往開幕剪綵。師父開場第一句話就說：「對不起！我不是書法家，請不要看我的字，請看我的心。」

當時由於馬來西亞總住持慧顯法師在當地結下的好因好緣，集聚了佛光人的集體努力，推助了這個展覽在馬來西亞造成超乎想像的轟動，媒體鋪天蓋地地報導，讓大眾看到了一位講經說法的宗教領袖，原來有著書法家的藝術涵養。此時，我認為「覺有情」一定要前進西方，於是自二〇〇六年起，從美國西來大學、柏克萊加州大學，一路展到歐洲、澳洲，在各大博物館中，將師父的書法推出於世人面前。

二〇〇六年，也是前往中國大陸展出的開始年，二〇一〇年，大師開始以「一筆字」為名的書法展，應大陸文化部之邀，在北京中國美術館舉辦。直到二〇一五年，「星雲大師一筆字書法大陸巡迴展」已跑遍各省。在這期間的二〇一三年，我接任佛館館長之職，跟隨大師弘法的腳步，我與大陸各省級的博物館展開「交換展」，一系列精采難得的展品來到台灣，一次又一次鍛鍊我策展的能力，以及立身於博物館界的資歷。

二〇一六年，慶祝佛光山開山五十週年，由佛光山宗委會決議，佛光緣美術館總部策畫，協助全球二十七個國家的佛光山道場，在當地的美術館同步舉辦「二〇一六星雲大師一筆字書法世界巡迴展」。同年，師父九十歲，我覺得師父的書法應該與一位知名藝術家一起展出，於是與國立歷史博物館合作，在佛館本館的一、二展廳，同時舉辦「與大師面對面——星雲大師書法展」及「與大師面對面——張大千書畫展」，作為師父十二年來書法展的壓軸展出。

自二〇〇五年，《「覺有情」星雲大師墨跡世界巡迴展》和二〇〇九年星雲大師一筆字書法展，先後展出於馬來西亞國家畫廊、美國西來大學、柏克萊大學，並於二〇〇七年起應邀於中國大陸、澳洲、加拿大、新加坡等國家美術館展出至二〇一九年，共計一百七十二場次，五百五十七萬八百四十一人次參觀，相繼引起文藝界及宗教界的關注。重要的是，普羅大眾對中華傳統文化——書法之美，有了新的體驗，以及從中認識大師推動人間佛教的家國情懷。

第三部曲——在佛館工地中磨礪心志

二〇〇八年底，師父進入佛館工地親掌擘建大局。在這之前，正在海外弘法的師父，有一天突然打電話交代我：「你去佛館工作。那裡到處一片淩亂，除了泥濘、淹水，什麼都沒有，你就去守在那裡，想想以後要怎麼做。」當時，我領職佛光緣美術館。

佛館工地的二〇〇八年，對我而言，是生命歷練的第三個關鍵年，雖然我一頭霧水，不知道去那裡要做什麼？然而，向來對於師父，我都是「依教奉行」，深信他的指導一定有道理，當下雖然不懂，但是，做，就對了。

所以，師父說去佛館，我就每天乖乖去佛館。偶爾師父會打電話回來交代事情，但當時我毫無建築的專業概念，每天在那裡走來走去，與蟑螂、老鼠、可怕的蛇為伍，就這樣幾乎無所事事地空轉了一年。

二〇〇八年底師父進場了，並帶來了信徒趙大深、戴玉琴二位顧問前來協助。此後我就與顧問從各層面去探索、學習，應對工地裡的廠商，處理形形色色的狀況。工地歲月日復一日，裸露的鋼筋，漫天的灰塵，便當送來幾分鐘外盒就是一層灰。到處流竄的老鼠，咬壞了所有塑膠布、塑膠盒，我們吃飯時都要把腳抬高，因為鼠群隨時會穿梭而過。整整三年，日子在刺激與複雜中度過，每當遇到大難題時，師父處理的智慧常讓我大開眼界，大感佩服。

慢慢地，我明白了師父培養徒弟的心意，「冷時冷殺，熱時熱殺。」愈是難處，就愈是我學習的地方，從中不斷地打破自己的框架、限制、我執，進而開拓自己的思維，擴大自己的視野。

回想師父一通電話叫我到佛館巡視工地，慈悲的師父知道我不熟悉工地、建築，用一年的時間讓我去適應開山闢地的環境，接著把我放在複雜的工程中，以其中種種的艱難、辛苦，磨勵我的心志，讓我從一個怯弱、逃避的凡身肉胎，轉為勇敢承擔的真佛子，這一條蛻變的道路艱難無比，但是師父如同佛陀一樣，一直護佑、加持著我，讓我心無懸念，勇往直前。

二〇二三年二月五日，這一天，我們的師父放下緣起無常的色身，暫時遠行了，雖然千般萬般地難捨，但是，我深信他會再回來人間社會弘揚人間佛教，一如他的願——「來生我要再做和尚」。感恩師父對我的培養，讓我得以提升、擴大，因為師父，我才擁有了如此豐富有意義的人生。今生今世，我願將身口意奉獻給眾生，以做為對師父的深心供養。

一日為師，世世追隨

慧得法師

佛光山雲林講堂住持

慧得

師度父親　一師一道

二〇一六年，師父上人為滿穆法師的《人間佛教翻轉生命的故事》一書寫推薦序，說道：「滿穆法師隨我出家近三十年，是第一批前往非洲弘法開闢道場的弟子之一。他服務於軍中的弟弟退役後，也跟隨我出家，法名慧得，先後擔任過佛光山男眾學部老師、桃園寶塔寺住持、淨土文教基金會執行長等。特別是他們的父親唐順華居士，服務於警界，一九六〇年代就與我結緣，夫妻兩人虔誠學佛，帶著孩子參與佛光山人間佛教的各項活動，全家一師一道，可說是百分之百的佛光人，也是人間佛教的行者。」有一次師父在法堂對我說：「你跟滿穆都比不上你的父親。」父親確實是我們修道上的榜樣。

二十年前，父親臨終前夕，接到侍者覺念法師來電叫我去法堂見師父。到了法堂，覺念法師給我一個信封，打開一看，台幣二十萬元，是師父給家中應急用的。

我急忙向師父報告：「家裡都有準備了，感謝師父的慈悲，弟子不能收。」師父親切地說：「留著給你媽媽的。」心中無限感動，含著淚水，走出法堂。

師父曾說他在十七歲時得了瘧疾，因為志開上人讓人送來半碗鹹菜，當下發願要盡形壽，將身心奉獻給佛教以報師恩。今日，師父如此深重的慈悲關懷，弟子也當發願盡形壽弘傳人間佛教，以報師恩於萬一。

師父言傳身教　人間菩薩典範

在佛學院讀書的日子裡，經常聽師父《有情有義》的有聲書，感受最深的是師父慈悲利他的菩薩性格，及為教為眾的弘法精神。

佛學院畢業後，都監院院長慧寬法師帶領畢業生到都監院任職。師父對我們開示要謙卑用心學習，因為都監院是佛光山的行政核心，要集體創作，樹立形象。任職頭單書記期間，經常有機會聆聽師父的教誨，尤其在春節平安燈會期間，看到師父從構思到執行的縝密規畫與人性化的體貼性格。

經常天未亮，師父便開始巡視指導；夜深了，精益求精地修正我們的缺失，我不只看到布置上的莊嚴，更看到師父面面俱到的智慧與細心。有一次，與師父在傳燈樓二樓陽台，觀看春節期間山下的交通狀況。當時師父的眼睛還能清楚看見，特別交代我：「趕快打電話給交通組，山下停車場還有八個位置，可以放車輛進來。」

春節期間，全山大眾非常忙碌，送往迎來接待十方信眾，最高峰時一天有十萬人上山。每晚七點半，師父親自出席會議，聽取各單位報告，並指導改進之處。師父一生奉行的最重要戒律是「不忍眾生苦」，從大眾的用餐、掛單、交通動線、停車、淨房、下雨等等細節，師父的心無時無刻都在眾生身上，成就大眾信心、歡喜、希望、方便。

有人曾問我：「佛光山的莊嚴殊勝是如何成就的？」我說：「師父教育我們集體創作，制度領導，非佛不作，唯法所依。」這也是我學習的準則。

都監院的工作，要請示、規畫、協調、執行、考核等等，有時也會遇到瓶頸或不易溝通的人，師父慈悲開示：「當你看別人不順眼，就代表你自己有問題。」這句話，成為我最重要的座右銘。是的，當我看別人不順眼，就代表我慈悲不夠，智慧不足，瞋念未除，忘失正念。

在佛光山寶塔寺任職住持六年，一直秉持師父「有佛法就有辦法」的教導行事。當時因為納骨塔的興建，遭到地方人士抗爭，工程已停擺兩年。對內，要主持各項法會、活動；對外，要處理黑白人事的無理對抗，同時還要進行大雄寶塔與九層寶塔的建設工程，遇到很大的阻力。我向師父報告困難所在，師父了解問題的複雜性後說：「加油，辛苦了。」我當下暗自發願：「不論是黑道、白道，都要學佛道。」幾年後，終於突破重重困難，完成主體工程，地方抗爭也已化解。有一天，師父與長老師兄一行特別蒞臨寶塔寺，慈悲指導後續工作重點，並感謝信眾的護持。

二〇一一年十月完成寶塔寺工程，奉慈命回到本山男眾學部任職。向師父銷假時，師父說：「慧得啊！連我都不容易做到。」我說：「如果不是師父的鼓勵，我可能早就撐不住了。」在寶塔寺的日子裡，深刻體會到，在強大逆境中，更要如師父在《往事百語》一書中所開示的「要爭氣，不要生氣」、「因緣能成就一切」，實為至理名言。

回到男眾學部擔任院長後，每天早齋帶領同學過堂，之後就到法堂向師父請安，師父經常已用完早餐，正勤奮書寫一筆字。我在旁觀看師父揮毫，展現了大禪定、大悲心，字字化為菩提香，感動每一位見者的心。

師父說：「慧得，送你十張，你自己選。」哇！真是莫大的驚喜。回到男眾學部，我將師父的墨寶送給同學和友寺前來就讀的法師，讓他們都能擁有師父的一筆字，也藉此期勉大家記得師父的教誨：「男眾要爭氣，要加油。」

二〇一一年佛陀紀念館落成前夕，師父因身體不適住院，全球弟子祝禱師父法體早日康復。隔天我與慧顯法師走在菩提路上，竟遇到師父的座車。我們停下腳步向師父問訊，師父搖下車窗說：「我要回來看佛陀紀念館的工程。」師父一生做什麼像什麼，只有做病人不像病人，這就是師父分秒必爭的弘法精神。

有一天上午七點左右，在法堂，師父對我說：「慧得，你來接淨土文教基金會。」當晚七點就布達了。當時正值佛館工程驗收的最後階段，秉持師父指導：「做好品質管理，守好每一分的淨財。」每天大部分的時間都與慧嗚法師在佛館召開會議、驗收工程，走遍佛館的每一個角落。歷經一年多，終於完成大部分的驗收結案工作。每次向師父報告，他雖然眼睛看不到，卻能清楚地指導建築管理，要用具有專業效率並有因果觀念的人，注重品質安全、管控預算以及人性化設計等各項重點。

淨土文教基金會也負責土地的管理。有一天，我看到山下水泥攪拌廠張貼已達數十年的出租訊息海報，立即與地主聯繫，同時向師父匯報，師父指示這塊地對山下停車的重要性。經過十多次洽談，地主終於同意出租這塊八六四坪的土地，於是有了現在問道堂到滿香園的大停車場，師父指示停車場與舊省道之間要建設一道四百多公尺的圍牆，問我多少時間可以完成？我說需要二個星期。師父說：「十天完成。」我馬上尋找廠商議價、發包施工，最後十二天完成。這件事情，讓我學習到師父對工作目標的效率。

在大陸揚州鑑真圖書館、北京光中文教館、南京天隆寺前後七年的任職期間，看到師父對復興祖庭與弘傳人間佛教的大願心。二〇一三年師父首度回到「揚州講壇」講演，可謂一票難求。師父進場時，千餘位聽眾同時站起來，熱烈鼓掌，直到師父坐下後，掌聲不斷。這撼動人心的畫面，是大陸鄉親對從揚州走向全球弘法的師父，表達最高度的景仰與讚美。

師父掛單揚州鑑真圖書館時，清晨五點多就在館內跑香。聽到小西門外有人在喊：「大師——大師——大師！」師父說：「快開門。」只見江都來的劉海梅師姐一行人，無比歡喜地向師父說：「我們是江都來的。」師父親切地與故鄉來的信眾話家常，合影留念，大家都感動流淚。這就是師父時時給人歡喜的性格。

在北京光中文教館任職時，師父四度蒞臨北京參加活動，雖然有滿滿的行程，但仍親切地與北京的義工開示，希望大家要常回家。北京機場、高鐵站來去之間，師父總是交代館長慧寬法師不要有任何人迎接，不要打擾信眾，這是師父的慈悲身教。

一天清晨，外面下著小雨，侍者推著輪椅上的師父在館內跑香，我隨侍在側。師父詢問：「近代佛教學者湯用彤有什麼著作？」侍者馬上查詢並回覆。師父又問了一些近現代學者的名字，侍者也一一回覆相關著作。師父用心聽著書名指示哪一本可以買。收到書後，侍者就會讀給師父聽。師父一生著作等身，卻仍孜孜不倦研讀。他教誨我們：「佛光人的危機，就是不讀書。」「為求真理登淨域，為學佛法入寶山。」今生能親近師父學佛，是多生累劫修來的福報，身為弟子當勤精進。

簡體字版的《星雲大師全集》最初編輯地點是在北京光中文教館的二樓，主要是由星雲文化教育公益基金會理事長妙士法師及張靜之秘書長負責。在大陸要出版如此龐大的著作，實在不容易。張靜之秘書長與先生劉愛成老師帶領著專業的編輯團隊，全心投入編輯工作，以二年多的時間，夜以繼日地工作。靜之秘書長更發願：「即使犧牲生命，也要完成大師全集的出版，讓十四億中國人看到這套鉅著。」歷經多次審批後，終於在二〇一九年六月十一日，師父親自出席在南京圖書館舉行的一〇八冊《星雲大師全集》簡體中文版新書發布會。張靜之秘書長說：「編輯團隊在過程中，看到一位大菩薩一生的行誼，心中充滿感動。欣喜全集的出版，終於圓滿，完成使命。」表達了對師父無限的崇敬。

師父圓寂　佛光長明

二〇二三年二月五日元宵節，我在佛光山雲林講堂舉行上燈法會，接到師父示寂的消息，一路上流著悲傷與感恩的眼淚，開車返回佛光山。九十分鐘的車程，腦海不斷湧現師父的慈顏身影。到了本山，在師父的真身塔前頂禮三拜後，誦念「南無本師釋迦牟尼佛」，追思偉大的師父上人。

記得半年前，從泰華寺調回台灣，我詢問男眾傳燈會執行長慧屏法師：「我可以見師父一面嗎？」慧屏法師說：「我也一年多沒見到師父了。」雖然《金剛經》說：「凡所有相，皆是虛妄，若見諸相非相，即見如來。」但是弟子是多麼渴望能見您一面啊！

回想多年前在大阪佛光山，凌晨四點多，您獨自一人在大雄寶殿跑香，我靜靜地走在您的後面。您對我說：「慧得！我舉步維艱啊！」雖然如此，師父您仍然馬不停蹄地到各地弘法。

敬愛的師父上人！今生師徒緣是弟子難遭難遇的緣分，弟子發願更積極地弘揚人間佛教，做個歡喜的佛光比丘，向遇到的每一個人，介紹我偉大的師父——星雲大師的一生。弟子會努力學習佛光菩提妙法，追隨師父行佛，接引青年，廣度有情，讓佛光智慧火炬長明，佛光法水潤澤群生。

師父上人請您放心，我們會好好守護佛光山，師父來生還要做和尚，當您倒駕慈航，乘願再來時，會看到佛光教團，仍朝氣蓬勃地弘法利生。

他時異地，再見師父

慧是法師
佛光山日光寺住持

回憶

生命向前，走過的點點滴滴，酸甜苦辣，夾雜著輾轉於人我之間的喜怒哀樂，回憶起來五味雜陳。只有透過文字轉換，提升為時空雋永的意符，方能在不同生命的層次裡，傳誦人間的真善美。

認識師父是天下文化出版的《傳燈》一書，而第一次見到師父是在大馬東禪佛教學院。那天午後，只見舞獅隊伍在山門外迎接師父一行人。我遙遙望見師父在眾人簇擁中，對他高大的身影，留下了深刻印象。師父立即展現臨濟禪法，如果再以舞獅迎接就不來道場，從近處看見師父的行事作風低調，從遠處遙見師父主持法會、佛學講座、接見官員，一刻不得閒。師父有空檔坐下來，立即拿起報紙閱讀，關注當地發生的大小事，顯現他「無處不是度眾因緣」、「無時不是弘法契機」的敏銳與廣大願心，時時處處都在實踐普賢菩薩的願行。彷彿在任何時空中，他都能照見佛法浩瀚的通路，創造因緣、隨順因緣、成就因緣。自那一刻開始，師父就從萬人的身影中走向我的心中。

剛開始我在佛光道場發心參與建設別分院，累積上山的福德因緣。三年後，手握一張推薦函和機票，直奔佛光山求法。抵達佛光山山門時已是半夜。摸黑找男眾佛學院的一個地方入睡。「佛光山，我來了！」那一夜，我期待明天溫煦的曙光。

出家

第二次見到師父，在佛光山大雄寶殿出家剃度典禮。我是班首，隨著引禮法師，去西淨客堂迎請師父，慈悲為新發心出家的人主持剃度典禮。師父手握剃刀，輕輕滑過頭頂之際，我輕聲唸著：「誓修一切善，誓斷一切惡，誓度一切眾生。」當下完全被師父壯大所籠罩攝受，此生有緣蒙您引領出家，我將無怨無悔永遠追隨。選擇出家，生命於此刻第二次被佛教慈悲願力所啟動。摸著頭頂，我是佛光山的僧人，是星雲大師的弟子，出家人應勤做饒益眾生的事業，那是生生世世激發無邊無際的生命之光。

原來《華嚴經》言：「心佛眾生三無差別」，是一體清淨圓滿。出家之後，親近師父變成日常，無論任何時候看見師父，他手上總有看不完的書籍、徒眾信件、報導文章……手不釋卷、日理萬機的師父，就是一尊活菩薩。師父教導：「出家人有人教是福報，沒人教是本分，三分師徒，七分道友，猶如青山綠水常在。」青山無言，大小動植物可棲息其中，各行其道，覓食存活；潺潺綠水長流，活水源頭處，必有出處，總能涓涓不息。

學道

那些年男眾學部人員爆滿，新生人員被分配到各單位實習行政寺務。師父慈悲特別成立男眾書記室，讓男眾也能提筆寫文章。師父親自為男眾指導寫作、編輯出書。在文稿編輯上，師父認為好的編輯，不會把文字編放在圖片上，那會直接影響讀者的視覺焦點，而文字的表述也會被減弱。

在男眾書記室兩年時間，完成大量各類佛教書籍閱讀；在出版實習時，擔當完成《佛光山通訊錄》、《第七屆寺廟管理講習會特刊》、《佛光山東方佛教學院開山記錄》等編輯工作，作品至今展示在如來殿宗史會館。第一次到別分院服務，首站是南投清德寺，再輪調到佛光淨土文教基金會，參與海外道場設計，先後計有紐西蘭北島和南島、菲律賓馬尼拉萬年寺、宜興大覺寺第一期工程、揚州鑑真圖書館負責揚州講壇。繞一圈海外佛光道場，再回總本山，師父見我回來，「你去都監院做接待，常住的車子、滴水坊、客堂、結緣品，你都可以用。」

我只回答「好」，就到都監院領職。前面十年，都在用心建設佛光淨土；第二個十年，學習見人就寒暄問好。一動一靜之間，實踐一行三昧，人生中最精采和精華的二十年，都在學習吃虧。

吃虧，表面上看似是被別人占了便宜，其實得到的紅利回饋更多。在人生旅程中，漸漸明白，不比較，不計較，收穫更多。如果須被主人鞭打，才願意奔跑的馬匹，一定不會是「千里馬」。了悟修行人的「自覺和自重」比什麼都重要，因為那是「全自動模式」，讓人終生受用無盡。

結緣

開始接待師父的友人，才真實領略到師父的緣結十方，與人為善的廣大心量。「結緣」在佛教是一種方便、平等與接引，也是提攜成就眾生的法門。師父的人格魅力是累生累世蓄積而來的福報，有人要握手，有人要摸頭，有人要合照，而師父在任何因緣下都能給人希望，都能滿人所願，給的精神不分晝夜，不分性別，不分種族，不分處所。

師父對於來訪的貴賓，必以禮相待。我在佛光山十年的知客接待工作，接待的客人大陸領導包括：前國務院副總理曾培炎，前國台辦主任張志軍，各省委書記、省長、各市委書記、市長至區長、鎮長等超過五萬人次。如果一台大巴可坐四十人，至少有一千二百五十台大巴的大陸人士，曾在山上與師父握手、照相、聆聽開示，見證師父結下的因緣之廣。

師父都以讚美的語言，讓彼此的疏離化於無形，如果是東北的貴賓，會說「喜歡念佛，有佛性」；若是來自江浙一帶，會說「有信仰佛教文化的涵養」；海南島的貴賓，會說「是海上與台灣相同的兩顆明珠」。依不同地方的貴賓而給予恰如其分的讚歎，讓人聽了無量歡喜。合照更是師父最吃力的苦活。先來個別照，再來團體照，照片還得在最短時間內沖洗出來，熱騰騰地送到貴賓手上。吃飯宴客，送別揮手，眾生很需要，給予來訪者善好因緣。師父完全融入《金剛經》的精神，修一切善，離一切相。師父在《星雲大師全集》中把這種待客之道的細節，洋洋灑灑寫下十九項，我幸運地從師父指派接待貴賓的工作裡，領會了他博學、優雅、淡定、從容的待客三昧，何其珍貴！

受用

從認識師父、親近師父，到為師父做貴賓接待，曾得到過師父的肯定。

師父站得比我高，遠瞻的格局令我望塵莫及，讓我得以見識到師父廣結善緣的甚深道理。

十年接待賓客，師父從不過問太多細節。他知我懂分寸拿捏，知道什麼應該說，什麼絕口不提。在與貴賓接觸的時空交錯中，師徒兩人心中彷彿總有那一念感應，讓因緣能如行雲流水，自然匯聚而圓滿。

佛館佛光樓工程未完，師父一句「慧是，你接手內裝工程。」我天真地問：「師父，我一個人負責？」師父也爽快回我「是，一個人好做事。」我開始與廠商研議，全棟大樓預訂六個月圖紙設計定稿，四十五天全棟施工。共計五百位工人分三班次展開施工，午、晚餐用完準備夜宵。每日徒步登十樓巡檢三回，選建材，會廠商，俗稱「熬得住」，佛門謂「修練」，完工後，一單未掛。經過佛光樓的大工程，我看見師父「疑人不用，用人不疑」，對弟子的完全信任，看見他提攜弟子的寬大心量。

二〇一六年奉命接手管理普賢殿。師父一句「慧是！好好管理。」三十年殿堂的老舊匾額，在我到任第一年隨十六級颱風墜下，師父大筆重題「普賢殿」三個大字。剛到普賢殿上任，第一個春節，殿堂外圍掛上各色平安燈，經一晚黑夜的籠罩，黎明天色破曉，只見旭日緩緩東升，溫煦的陽光，照耀大地，隨著矗立遠處的接引大佛身影，延伸至殿堂明亮如黃金鋪地，成為晨曦中，最美的風景。一早師父坐在車上，巡視全山，關心春節的布置。在殿堂裡面忙碌的我，像武俠小說的人物，以三步一跳的輕功，從三樓高的殿堂奮不顧身衝到平台。正氣喘如牛，只見師父從車窗內伸出那厚實綿密的手掌說：「慧是！我的眼睛什麼都看不到！」腦中突然靈光一閃，回了一句：「師父！我們能夠看見您，比什麼都重要！」那一刻的相應，永銘心頭。

師父的車子停留不到十秒鐘便離去。但握過師父大手的掌心餘溫至今猶存，散發着師父慈祥的溫度，師父和藹的容顏，在記憶中清晰如昔。

普賢殿內大小菩薩、屋頂琉璃瓦，逐步修繕完成。師父坐輪椅一路顛簸巡山，我向師父報告，殿堂已修繕完成。師父一句「上不去，看不到」，我了知師父關心的是老菩薩與他一樣「上不去」，於是用盡各種因緣籌備電梯工程，方便有緣人禮拜普賢菩薩，參禪打坐、無我茶禪，一應俱全。

癸卯年元宵月圓日，師父在人間的最後轉身，為佛光修行人立下楷模，所謂「人成即佛成，是名真現實」。師父如是踐行，如是昇華，留下五彩晶瑩圓滿的智慧。雖是人天眼滅，卻已緣結十方，人間盡道心中對您的緬懷；歌詠與文章，說不盡您的慈悲！惟願，未來的時空中，諸佛垂憐眾人祈請，於某個他時異地，驚見方臉男孩，乍聽熟悉揚州口音，吵著剃頭出家，一手煮麵供眾，再現一筆字絕活，那一定就是您，再來人間弘法利生。

師父領我娑婆作舟航

滿舟法師

佛光山台南區總住持、南台別院住持

滿舟

提筆如千斤重，要寫出從師父那裡學習了什麼人生智慧，豈是我薄弱的文筆可寫盡。跟隨師父出家三十五年，他對我的慈悲關心、恨鐵不成鋼的棒喝、老婆心切耳提面命，內心雖不明白，我仍然依他的教誨埋頭苦幹，如今細想，原來師父對我的信任與信心，比我自己更了解我的潛能，可以面對問題和挑戰把事做好。

師父一句，不作二想；義無反顧，師徒締緣

提起我與師父因緣，猶如偉大的佛陀和弟子們每個人皆有獨特的因緣。生長在從小民間宗教信仰濃厚的地方，家鄰媽祖廟，正值二十多歲青春年華，離鄉北上工作，過著追求時尚的生活。一九八七走入佛門和師父締結寶貴的師徒緣，改變我從平凡人生走向不凡的人生，造就我跟隨師父邁向人間菩薩道，開啟嶄新慧命的轉捩點。

從沒接觸佛教，因為兩個奇特的夢境，將我帶入佛光山，領我走向師

父。一夜夢中，夢見阿彌陀佛面帶微笑，全身金光閃耀，結迦趺坐於半空，開口問我：「妳為什麼是女生？」不知哪來的勇氣，我回答：「阿彌陀佛！這個身體是假的，還有分男生女生嗎？」阿彌陀佛聽了哈哈大笑，下座朝我身邊席地坐下，轉頭對我說：「妳，中毒很深！」示意一位出家人，遞給阿彌陀佛一個碗，我好奇朝碗裡看，碗裡放了一些鹹菜和白色粉末，只見阿彌陀佛朝碗裡攪拌，直到呈糊稠狀，便要我吃下，我聽話地吃完。這是第一次，「佛」進入我生命中。

一週後，再度做奇妙的夢境，夢中一位出家人告訴我：「妳搭X號公車到佛光山普門寺來幫忙誦經。」第二天抱著好奇心，坐公車到「佛光山普門寺」，踏入十二樓大殿見到五方佛時，我放聲嚎啕大哭，像迷路已久的孩子，找到了家。眼淚擦乾後到十一樓服務處時進門望去，令我驚異的是看到牆上星雲大師法像，竟然是夢中指引我的出家人！

自此之後，師父對我的生命影響，如車子注入能源，我每天到普門寺做早課，參加各種法會活動，更主動發心做義工服務。當時法師們經常鼓勵青年讀佛學院，我也很動心，心想：「奇怪，法師都鼓勵別人，怎沒人問我？」於是鼓起勇氣向法師表達我想讀佛學院，不知是否我的新潮穿著與佛教保守宗風格格不入，法師眼睛打量我說：「妳不適合讀佛學院！」心中很不服，我不僅要讀佛學院還要出家。幾天後聽人說：「星雲大師在客廳會客！」我靈機一動，馬上跑到客廳隔壁刻意打掃。聽到腳步聲走出，我衝到門口，大師迎面而來：「妳有什麼事嗎？」「我想讀佛學院！」大師看看我，只說一句：「我現在要回佛光山，妳到佛光山麻竹園找我！」

第二天我馬上到佛光山麻竹園去找大師，師父一見我，有些驚訝，我便被安排進學院，當時正值寒假尚未開學，我每天去陪師父們打籃球，每次打球結束，便向大師要求出家，他總回我：「先讀佛學院，不急。」但我仍然鍥而不捨，一次次地請求要出家，師父仍然是以先讀佛學院拒絕我。有一次剃度典禮的前一日，我仍然請求師父接受我出家，因為明天就要剃度了！但師父沉默不語，我不死心，當晚跑到大悲殿，自己寫了「出家誓願書」，以表出家的堅心，師父最後因為我的誓願書而應允。

兩個不可思議的夢境，打開了我學佛之路。經過一再的考驗，我積極勇猛達到出家學佛心願，也許是這種性格，讓師父看到了我堅定的熱情和執行力，師父相信只要給我任務，我便會全力以赴，使命必達！

跟隨師父出家修道是無法形容的奇事，又像是必然的依皈，這一路身與心的生命超越，毫不猶豫追隨，才能與師父結下不可思議的師徒因緣。正如師父賜我法名「滿舟心歸」及「滿舟得度」墨寶，師父像燈塔，讓我在娑婆苦海中，有了舟航，導入光明方向。

心真建道場，願切成淨土

師父總是給予徒眾機會磨練，給予信心學習成長，師父以身作則教育及鼓勵徒眾要發心，做任何事或面對困難，為佛教為度眾要發大願，要勇於承擔，所有的歷練都從「做中學」，才能化為寶貴經驗。

從佛學院畢業後，我抱著初生之犢不怕虎的勇猛力，參與了建立佛光山在台中各個寺院：東海道場、光明學苑、員林講堂等建寺開拓工作，那些年開荒闢土及人事應對的困難，師父教導我「有佛法，就有辦法」。或許師父看到我是那種只要他一句話，我必依教奉行，努力去做的個性，他說：「忙，就是營養。」工作中所累積的養分，日後成為我面對更大挑戰的資糧。

二〇〇二年七月十六日師父從日本打電話說：「莊法師要退休，你去接他的工作。」第二天我就到台北道場十二樓的淨土文教基金會就職，這個單位是負責佛光山所有的建築工作，師父對一個沒有工程專業的我，於上任時寫給我兩句話：「心真建道場，願切成淨土。」師父告訴我要以真誠懇切實在的心，處理道場的建設，唯有發大願心方能夠成就人間淨土。

為佛光山的永續發展，健全人事和財務制度

在淨土基金會上任三個月，就遇上紐西蘭事件。當時派在紐西蘭的法師寫信給師父，說紐西蘭建寺工程需要錢，師父沒說什麼！只說：「滿舟！你

到紐西蘭一趟，去了解情況，告訴負責工程的人，申請錢必須繳財務報告。」

因為情況複雜，我要面臨二、三十位無理者的謾罵，每天更須面對不同廠商的催逼電話，同時還要帶領信眾共修，在凌亂不堪的環境下煮飯給信眾吃，種種情況下我幾乎達到了心理壓力的極限，每天晚上向師父越洋電話報告時，都已是台灣凌晨時分，師父慈祥默默地傾聽與回應，給了我支撐的力量。

為了師父的弘願「佛光普照三千界，法水長流五大洲。」紐西蘭是大洋洲重要的樞紐，怎能讓師父失望？最後在多位信徒的護持下，不辱使命地圓滿了任務，讓常住的損失降到最低點。

經此事件，我深刻體會師父建立佛光山制度與清規的苦心，尤其佛光山財務制度的落實，對出家徒眾訂下，不與信徒共金錢往來，不私交信者，不私自化緣等門規。對國際佛光會在家信眾制定「凡佛光會員彼此不可共金錢往來，不可借貸，如有經營事業，相互合作，應有正式合約為準則，盈虧均與佛光會無關」的規矩。

師父常教示「不依規矩，不成方圓」，為讓佛光山教團清淨如法，能永續發展，師父堅持對制度的建立，其身教與言教是我們效法學習的榜樣。

佛館的艱鉅工程　師父的高度智慧

在淨土基金會負責建寺工程時，很多海內外工程皆如火如荼同步進行，而當時最重大也最艱鉅的工程便是佛陀紀念館的興建，從買地、整地、設計、施工直到完工，每個過程師父親自指導，每天數次來回監督，常常忙到深夜，領著我與工程人員挑燈開會。為了讓佛館更加廣闊莊嚴，為了追趕工程進度，日夜趕工，師父對我工作要求的震撼教育，推動我突破自我極限，加速我成長。

有時，今天才開會討論要做的項目，師父便說：「明天要用好」。有時工程複雜涉及多方溝通處理的問題，當我向師父報告：「師父！給我一點時間。」然而，師父為度眾的願心急切，不只一次鄭重告訴我：「你有時間等，我沒有！」就這樣，師父牽著我們的手，推著我們與時間賽跑。

二〇〇九年師父指示我：「佛陀紀念館要有一尊高聳入雲霄的大佛，才算完整。」佛光樓加上大佛總高一〇八公尺，申請過程受困於超高層建築法的箝制，歷經十幾次中央、地方主管機關來來回回審查。每次審查會議回山，師父問：「怎麼樣？同意我們建嗎？」我回答：「還在想辦法克服！」某天，師父把我叫到法堂指導：「你跟他們說，大佛不是房子，不住人，不做任何使用。」師父一語點醒了我。於是，我依師父的教導跟主管機關說：「大佛不是房子，不住人，不做任何使用，它就是個雜項構造物，就如藝術的煙囪概念。」最終獲得通過，取得建照。本應四年的工期，在師父天天監督，並幾次親臨大佛鑄造工廠督工之下，竟只用一年半的時間，將大佛鑄造、施工及安裝完成，並取得使用執照，順利於二〇一一年落成。

師父四兩撥千金的高度智慧，教我打破框架，去除所知障，學習轉念的智慧。

滿舟仁者
心真建道場

師父的教誨雕琢，充實了我的生命

回想師父指導我購買土地的方法所展現出的遠見，我從師父身上學習到將過去的經驗轉成下次做事的智慧，我學習師父對人性的了解及對人心的慈悲。師父交代我務必將佛光山及佛陀紀念館連結的土地買起來（曼陀羅後花園、香花迎那一大片土地，當時有二十多位地主分別持有）。佛陀紀念館的門面佛光塔問道堂那片一百多坪土地，當時是三兄弟共有土地。師父特別教導我把支票和收據帶著，和地主談好就馬上付支票給錢簽收據，否則一轉身，下回又漲價了。當時我為了買佛光塔問道堂那塊地，和滿勇法師去和地主斡旋洽談時，兩人還被野狗追咬，地主要賣不賣的，時價一坪三萬的地，最後說好一坪十萬，地主又反悔不賣，想到師父說要忍，佛陀紀念館開工前，一定要買下，否則等到佛陀紀念館一動工，再多錢也難買，最後咬牙把支票簽出，完成了師父交代的使命。回去時仍帶著情緒稟報：「師父！一坪十萬耶！」師父還安慰我，並告訴我要了解人性的問題，引用他過去的經驗：

「幾十年前買藍毗尼園這塊四分地，按當時一分地一萬，四分地四萬，地主卻獅子開口要十二萬。心想太貴了不買，過一個禮拜，想想這塊地的確有其必要，算了，十二萬就十二萬吧。這時地主又變卦不賣了，說要二十四萬才肯賣。過了一、兩個星期，想想這塊地確實非買不可，好吧！二十四萬就二十四萬。結果，他又不賣了，而且這次竟開價高達四十八萬。諸如此類，不勝枚舉。」聽師父講述後，憋在心裡的氣緩和一些。

在佛光淨土文教基金會任職執行長的磨練歲月裡，師父牽著我走過困難與考驗，好幾次師父得意地說：「滿舟是我的作品！」師父這句話讓我感動涕流，師父的教育和雕琢，是我無比的福報，而師父給予的認可，給我無上的鼓舞及榮耀。我將盡未來際發願學習師父以眾為我的無我精神、從善如流的心胸，在弘法道上秉持「集體創作，制度領導，非佛不作，唯法所依」的理念和思想，推廣人間佛教，實踐佛法，共創佛光淨土。

點滴提攜，沒齒難忘

滿可法師　佛光山澳紐總住持

滿可

敬愛的師父，記得您曾說：「有生必有死，這是必然的法則。」「人間佛教是提倡歡喜的，因此在面對老病死生也要能歡喜接受。」元宵節聽聞您圓寂的消息時，身在澳洲的我，心裡卻久久無法平靜。第一時間，買了回山的機票。在飛機上，與您相處的往昔，如播放電影般，歷歷在目。平日裡師父點滴的提攜諄諄的教導，弟子至今銘記於心，不敢忘懷，也不願忘懷。

生命的掌舵人

記得剛到佛學院時，自幼生活獨立的我，面對學院無微不至地照顧，很是忐忑。心想：「我尚未為佛教貢獻一份力，卻已享受學院為我提供的免費吃、穿、住、學，我受得起嗎？」尤其在過堂時，看到桌上的豐盛菜食，更是如坐針氈；飯食雖好卻感覺嚥不下去。當時身為院長的您，關心學子生活，每天下午藉由東山籃球場打球的因緣，與我們接心。我因此將內心的不安向師父請示。

我問您：「師父，學院的照顧，令我心生慚愧；我要如何去接受這一切？」您則慈悲地告訴我：「以『不迎不拒』的心去接受！飯要吃得下去，心才能發得起來！」「現在的你沒有能力，沒關係；未來你有能力了，就可以回饋大眾，回饋社會。」您的話語，像一顆定心丸，安撫了我。自此，我心安受之，安住學習，增進道業。

最初接觸佛光山，我被師父您身邊的大弟子們的威儀所攝受。進入佛學院之後，班上新出家同學們的言行卻讓我起了煩惱。同樣是大師的弟子，怎麼會差距這麼大？威儀不足，言詞不當，做事也不圓滿。於是，我把這些疑惑，再度向您請示。

您耐心地聽完我的投訴，默不作聲。片刻後，緩緩開口：「很好，你是一個完美主義者。他們都不行，那你來好嗎？」您的這番話，如當頭棒喝，敲打著我傲慢的心。我呆呆地愣在原地，不知道要如何回話。回過神來，竟然自信地回答您：「好，師父！我來。」正是師父您的「棒喝」，激勵我更快地走向出家的道路。

「給」的因緣

一九九〇年，常住派我到澳洲建寺。您深知我追求完美、倔強好強的性格，於是在我領職前，特意叮囑：「滿可，你記住，看到人不如我，那是我的心量不夠；看到我不如人，那是我的智慧不足。」「做人，得理要饒人，無理之下能低頭，才能看到真理。」當時，我並未全然參透您話中的玄機。

隨著海外弘法事業的開展，經歷種種境界，學會包容、懂得低頭，才漸漸明白您當年的用心良苦。

您曾叮嚀：「我們得到澳洲政府贈予的土地，就要給當地的人帶去利益。南天寺的建築材料、建築團隊都要是澳洲本地的。要讓澳洲民眾覺得南天寺是他們建的，是他們需要的地方，這樣才能帶動經濟，改變市容，安定人心，文化交流。」回想南天寺破土典禮那天，滿山上萬的民眾，前來共襄盛舉。建寺過程中，澳洲民眾的友好，也增強了我們的信心。現在的南天寺，每天遊客絡繹不絕。這都是您一路「給」出的因緣。您不僅提供物質上的幫助，也給民眾帶來精神上的安慰和真理的布施，從而使人間佛教的種子得以在澳洲生根發芽。

人間佛教「以人為本」

一九九六年，常住調派我到新加坡。當時，我拿到一份友寺籌募黃金建寺的簡介，便興致勃勃地向師父您匯報。只淡淡地說了一句：「滿可，新加坡的道場要用智慧建起來，不要用金錢堆起來。」您這句話提醒了我道場建設的方向及定位。

道場籌建中，我請示您：祖先堂是否要安置在地下室？您慈示：「要把祖先堂放到最好、最光明的地方。」我於是將新加坡道場的納骨塔以琉璃呈現極樂世界的柔和、光明，安置於道場最高層，自然採光及通風設計，讓人備感清涼，沒有恐懼。信徒也喜歡在此逗留，緬懷親人。透過師父的巧思，所謂「最好的地方」，就是可以使大眾感到安心方便的地方。師父對長輩、對往生者的尊敬，您「以人為本」的人間佛教性格時刻提醒著我們，修行人該有的樣子、該做的本分。

就得OK：「可」

記得南天寺落成那天，您對徒眾們說：「十年以後的南天寺，要靠教育扎根……」當時的我，覺得十年好遙遠。二〇〇一年，為表彰南天寺的卓越貢獻，臥龍崗市政府將南天寺對面的二十九畝空地，以一元的價格捐贈給我們辦教育。二〇一〇年，您叫我回去建大學。

這個消息，猶如晴天霹靂，使我心中充滿了疑惑，不明白師父為什麼讓我去建大學。我初生之犢不畏虎地去問您：「師父，為什麼要辦南天大學？」「我為什麼要告訴你為什麼？」瞬間，我覺得是自己唐突了。於是連忙道歉：「對不起，師父，是我冒犯了。」然而，內心的疑惑還是沒有得到解答，便換一種方式又問您：「師父，您心中想要辦的大學，是什麼樣的大學？」您慈悲開示：「辦大學，是好事，沒有為什麼。只要是好事，就要去做。」我又繼續追問：「那師父您對大學有什麼期許嗎？」「做好事還要有什麼期許嗎？」在師父您無相布施的慈心悲願下，我的執著、膽怯是那麼的卑微、狹隘。

然而，內心依然充滿恐懼。我再一次鼓起勇氣問：「我還是不知道要如何辦大學。」「你去了就知道了。」您的回答是那樣地斬釘截鐵，就這樣結束了這場充滿禪機的對話。當時的我似懂非懂，現在回想起您曾說的：「大學，我們不吃飯也要辦。辦教育是佛教的天職，我們不一定傳播佛教，但一定要教做人，要發揮人性。」事後才明白您深廣的願心與情懷。

二〇一五年初，我在視訊上邀請您來澳洲，為南天大學主持啟用典禮。當時，您身邊的弟子紛紛表示反對，您年事已高，醫生也說不適合長途飛行；說您的身體會吃不消；要聽從醫生的囑託……您卻不顧醫生和弟子們的勸阻，堅定地說：「我的徒弟在澳洲辦大學，我怎麼可以不去支持他們！不去看他們！」說罷，眾弟子們鴉雀無聲，留下視訊這頭鼻酸、哽咽的我。

二〇一五年三月一日，八十八歲的您，不顧身體的不適，千里赴澳。

看到您浮腫的雙腳，我的內心充滿了愧疚、感恩與感動。我知道師父您這次來，不僅是出於對弟子們的體恤，更是「為了佛教」。為了佛教，您鼓勵辦教育，辦文化；為了佛教，弘法上的辛苦，您都不覺得有什麼了不起；只要是為了佛教，師父您就一定會去完成。是您念茲在茲的「為了佛教」，成就了南天大學，成就了無數的未來緣。作為弟子的我，又怎麼能不勇往直前，不滿心皆「可」呢？

我還能為您做什麼？

大學啟用典禮結束後，師父與校長進行會談。記得您問校長：「現在，我們的建築已經好了，請問校長，我還能為您做什麼？」校長回覆您：「大師，我們有了好的校舍，還要有好的老師和好的學生。」於是，您毅然決然，以自己的一筆字書法所得，贊助一百份獎助學金，以支持南天大學永續發展。

我們以這一百份獎助學金做為母金，並懇請師父允許，將您的名字借給我們，成立星雲大師教育基金會。希望藉由您的威德、因緣，使南天大學及佛教的教育事業走得更長、更穩，為人間佛教國際化、普遍化，寫下重要一筆。多年過去了，不少高素質的澳洲人及國際留學生前來南天大學就讀。未來，他們將把人間佛教的智慧帶到社會，影響更多人，涓溪匯海，使人間佛教深耕於西方世界。我想，師父您一定是樂見其成的。

師父，您的提攜如甘露般滋養著我，道也道不盡。我常想，若沒有三寶，我便看不到眾生；若沒有佛教信仰，我便找不到自信；若沒有師父，我便看不到未來。感謝您接納不懂事的我，教育我、成就我。弟子只盼師父您早日乘願再來，與我們再續法緣。我，滿可，盡未來際，發願常隨師父！

師父
有您的夜晚　星光閃耀
您讓我　尋到真我
我是您的分身

敬愛的　師父
您離我們而去
帶走了我們的情誼
在您的悲智中
我心甘情願
一生注定相隨

師父
多少年後　我們才能相見？
願您的再來　使我變得更完整
多想您一直陪伴著我們　叮嚀我們
聆聽您的教誨

師父
懷念您的指導

懷念您傾聽我們的報告
弟子們心中只有您
您的慈心無人能比
多想讓您不離開我們
祈願不要讓我們等太久

師父
佛教需要您的引導
世間需要您的普照
我們需要您的關愛

我想讓您知道
您是我們生命的全部
您是我們的　師父！

師父送我一件大衣服

滿信法師　紐西蘭南北島佛光山住持

滿信

一九九〇年二月我從佛光山叢林學院的國際學部畢業，直接調派澳洲。一九九〇年四月十七日師父來到澳洲布里斯本，我們住在中天精舍的小房子，師父看我不會做事的樣子就說：「滿信的家事不及格。」我剛從佛學院科班畢業，連基本的家事都不及格，這太慘了。我必須將看起來不怎麼樣的家事做好，於是重新開始學習泡茶、典座、各種家事，甚至包括開車、會議、工程、植樹等，每一件事都要做好、做對，甚至做到熟練。三十幾年過去了，依然謹記師父的教誨，要把每一件家事都做好、做對，甚至要把每一件事情都做好、做對。

同年師父住在中天精舍，到了用餐時間，我不曉得應該煮什麼給師父吃，想到在佛學院吃過的番茄麵，憑記憶煮了一碗。沒想到師父吃了以後居然說：「滿信的番茄麵很好吃。」後來師父不管走到哪裡，徒眾都煮番茄麵供養師父上人。多年後，師父對我說：「為了給人歡喜，我就這樣吃了二十年的番茄麵。」我突然覺醒過來，原來「好吃的番茄麵」是隱藏了多少的包容。在中天精舍我遇到一位非常嚴格的主管，凡事要求標準高，師父擔心我堪受不起嚴格的要求，對我說：「滿信！你要忍耐。」這句「要忍耐」如雷貫耳讓我一輩子都無法忘記。師父在一筆字裡經常寫「生忍　法忍　無生法忍」，只要活著就得要忍耐，師父為了佛教所承受的忍耐，絕對不是我們的智慧所能理解。

一九九一年師父與長老來到布里斯本中天精舍成立佛光會，新成立的道場人手不足，加上我又不會做事，心中存有很多顧慮。我連走路的時候都會經常回望好幾次。師父看到我害怕的樣子，就對我說：「要勇敢向前，往前走，不要優柔寡斷。」後來當我遇到困難退縮不前時，總想起師父要我勇敢向前。為了佛教能夠落實在本土，必須要勇敢向前努力、服務結緣；面對北島佛光山當時的工程糾紛，我一定要勇敢向前解決問題；為了常住大眾的需要而建設蓮池塔，縱使遇到一些信徒無理地堅決反對，我必須要勇敢承擔執行；為了大眾的安危，我只能勇敢向前請益，尋找救援。「勇敢向前」已深烙印在我的八識田中，讓我不可畏縮，永不退票。

一九九五年十月南天寺開光，師父前來主持開光典禮。當天，聯邦移民部長鮑格斯（Nick Bolkus）代表澳洲總理基廷（Paul Keating）出席，鮑格斯部長當場從口袋拿出澳幣一百元，宣布支付南天寺向政府租借的九十九年租金，現場頓時掌聲如雷。典禮結束後，我負責突圍五萬人的現場，將他一路護送到貴賓停車處。他特別提到：澳洲的移民政策不可只移入新移民的錢，應該要將他們的文化也一起移進來。趕緊將此重要的訊息報告師父。師父突然伸出寬大的手說：「滿信，我要跟你握手。」我一個箭步衝上去，趕緊將師父的手握著，這是我夢寐想要握的一雙手，它像極了我思念多年的父親的手，如此地厚實，如此地柔軟，我終於握到這雙讓人充滿溫暖信心的手，太有力量了，太令人感動了。

在開光之前，我向住持滿謙法師提出，將浩大的工程分層處理。滿謙法師回應：「天以下的我負責，屋頂以外的你負責。」在一個五十五英畝占地的南天寺，屋頂以外是什麼概念？天啊！從此屋頂以外的所有園林都屬於我的工作範圍。開光結束後，送師父回台途中，他指示：「南天寺的花園不可以做得太漂亮，如果做得太漂亮，前來道場的訪客就停留在花園裡，不進殿堂拜佛。」南天寺的地形險峻，割草機幾次滾下山坡。為了避免受傷事件繼續發生，我將這些凹凸不平、陡峭之處規畫成花圃，並植入各種不同的植物，如此就可一勞永逸，不用再定時割草。初期的南天寺後山光禿一片，在信徒大眾的努力下，大量種樹，除了可擋風，也讓道場更有叢林的氣氛。我心中卻一直掛念著師父對園林的指示，然而種樹的行動卻又不斷地持續進行著。五年後，師父再度來到南天寺，我們帶著師父到處巡視。師父突然說：「我要頒獎給兩個人，一個給滿謙，因為他把南天寺的弘法做得很好；另一個要頒給滿信，因為他把南天寺的樹種得很好，還可以再繼續種，但是不要種得太死板。」當下我大聲歡呼：「感謝師父！」感謝師父對種樹造林的肯定，只要我們把事情做對，師父還是會接受。

二〇〇三年二月紐西蘭北島建寺工程出現問題，我被住持滿謙法師緊急調往紐西蘭整頓工程。師父在六月三十日特別從台灣飛來紐西蘭關心工程，正值南半球最冷的季節。多年來師父都是在春暖花開的時節來到南半球的澳紐地區，這次為了工程告急，師父第一次在十度以下的溫度來到紐西蘭，身為弟子的我們內心都非常捨不得。次日一行人搭機回南天寺，我請示師父：「師父，北島佛光山有急著要開光嗎？」師父說：「不急。」於是我跟師父說：「請師父給我們一點時間，我把北島佛光山建好，再請師父來開光。」師父說：「好。」

第二天，師父集眾說要為南天寺選一位新的住持，因為常住需要現任住持滿謙法師回去本山負責佛學院培養人才。現場大眾一陣譁然，師父說：「叫滿信來做！」我有如晴天霹靂，這是一個十分艱鉅的職務，這是要同時兼任澳洲南天寺、雪梨地區、墨爾本及紐西蘭南北島十個道場的住持，再加上南天大學工程的總規畫，任務非常艱鉅複雜。我向師父請求說：「師父，可否請別人做，我來協助他。」只聽到師父說：「你不做，誰來做？」在一片慌亂驚恐中，我只好硬著頭皮說：「好吧！我做。師父我應該要怎麼做？」師父簡單地給了四個字：「蕭規曹隨。」我中文底子不夠，根本聽不懂這四個字是什麼意思？當下只好趕緊將這四個字的發音記住，隔天師父及長老師兄離開了澳洲，留下不知所措的我。

面對各種工程及人事的壓力，我整整哭了九個月。為了監督各種工程建設，我經常搭機往返澳洲、紐西蘭，一面執行南北島佛光山的工程，一面進行南天大學總體規畫，以及墨爾本尔有寺的建寺工程策畫。面對每天永遠開不完的工程會議，我的腦袋早已無法再做有力的思考。為了佛教，我只能直下擔當，並立下心願，希望南北島佛光山能夠同時建好，到時候師父就可以為紐西蘭的兩個道場一起開光。四年之後的二〇〇七年，兩個道場建寺完成，師父上人一諾千金，親自前來紐西蘭，主持開光儀式，我內心充滿感恩。由於平常與紐西蘭警界互動良好，加上大師威德力，師父抵達機場時即由警官們開道快速通關；開光當天，紐西蘭警署部策略顧問褚克峰主動為師父翻譯，貴賓海會雲集，成為紐西蘭的一大盛事。

開光之後，師父飛到澳洲南天寺主持二〇〇七國際佛光會世界理事會。多年來我對於領眾總是覺得不容易，會議結束後，我鼓起勇氣，向他請示如何像他一樣耐煩地課徒？師父嚴厲棒喝我：「莫非我要向你告白嗎？」師父沒有明確的答案，現在他圓寂了，再也無從問起，他可能要我努力去體會他平日的身教吧！

二〇一〇年褚克峰推薦我擔任紐西蘭皇家警察學院第二六一營隊的心靈導師。我是一位出家人，常住有輪調制度，我能夠接受這麼一個重要的任務嗎？心中非常罣礙。就任典禮，我從奧克蘭搭機飛往首都威靈頓，我問前來接我的警官：「這個任務任期多久？」警官說：「終身。」想起師父教導我們要「給」，為了佛教，為了大眾，這是一份使命，我要勇往向前。二〇一四年我又被推薦為紐西蘭警署長多元種族的諮詢委員，那是全國只有十四人的一個諮詢委員會。每三個月一次與警署長一起開會，策畫紐西蘭本國重要的多元民族各種策略，包括毛利族、太平洋族、當地人以外的民族，為了佛教，為了大眾，我勇往向前地完成了八年的任務。師父曾經開示「未來的世界，是屬於服務的世界」，師父教導我們要學習給，要給出無數的西來意。從二〇一四年開始，紐西蘭南北島佛光山每年五月舉辦「三好四給人間佛教文化節」，介紹三好四給的價值觀給學生、家長、老師及社區。迄今已進入第九年，得到紐西蘭各級學校及警署部大力支持，目前已超過三萬名學生參與這個教育項目，在紐西蘭共同建設人間淨土。二〇二二年遇到疫情爆發，整個紐西蘭好多學校嚴重缺乏快篩劑，我趕緊向國際佛光會世界總會反應，承蒙總會立即支援一萬五千份救命快篩劑，以空運方式送達紐西蘭。南北島佛光山道場馬上緊急聯絡學校及相關單位，在警署部的協助之下，四天之中將一萬五千份的快篩劑送到九十七個學校，直接安頓好超過五萬多名的師生，整個救災的過程令人感動。

師父在我們還很小的時候，就已經將「一件很大的衣服」套在我們身上，我們脫不下來，唯一的方法就只能拚命地成長，讓這件衣服能夠合身。然而我們真的都太小了，我們成長得太慢了，還來不及聽懂師父的意思，他老人家就已經離開。我的所知障、執著、愚癡，蒙蔽了師父對我的智慧指導。師父如大海般慈悲，包容了我的不足，師父比我還懂我自己，我有許多來不及請示的課題，還在人海中掙扎，而師父卻已離開了。我唯一能做的事就是努力地成長，深深感謝師父上人給予的教誨及包容。二〇二三年滿信被紐西蘭公益團體頒贈國家英雄獎，這個獎是代替師父上人領取的，象徵師父上人在紐西蘭所種下的善緣，造福了整個國家的人民。

滿信在此頂禮師父，無限地感謝師父所給予的一切！

高山仰止

滿益法師

佛光山功德主總會會長

我從事護理工作，生活中接觸到的大都是病苦的人，除了醫療護理的協助外，我常思維是否有其他的方法，可以協助他們？

有一位信佛的癌末病人，因為有信仰，當她面對極大的病苦，那種對來生懷有信心與希望的坦然安詳，大大地震撼了我，信仰真是不可思議。

經由同學的介紹，我來到了佛光山普門寺。踏進普門寺大雄寶殿，內心感到無比地觸動，有很強的回家感覺。

皈依三寶是入佛門的第一步，跪在拜墊上頂禮師父，內心充滿著感動與喜悅。後來承蒙師父的慈悲，成就我出家的因緣。我心中肯定這將是一段殊勝的因緣，使我有機會更新這個不圓滿的自己。

信守承諾　永不退票

一九九七年，我有因緣跟隨師父參加歐、澳、東南亞等十個國家的國際弘法行程，第一次承擔「湯藥侍者」的工作，因為師父在一九九五年曾接受心臟冠狀動脈繞道手術，謹慎起見，我將行程內容跟醫師討論。醫師建議一定要減少行程，因為高空飛行，行程如此緊湊，身體會不堪負荷。我惶惶不安，如實地向師父報告醫師的建議。師父仍堅持原定計畫，並且說了一句：「我要信守承諾，不可負人啊！」

既定的行程中大部分是住宿飯店，師父隨順大眾，從不在意個人，有糖尿病的他，常常三餐不定時，經常一塊麵包或一碗麵食裹腹，有時會客中用餐，時間的關係，降血糖的針劑他自己施打，那當下當然不方便使用酒精棉球消毒。尤其，晚間經常誤餐，降血糖的針劑應該打多少劑量，實在難以斟酌……讓我見識到師父在海外的弘法，披星戴月的行程背後，其超強的忍耐力。

威儀自在　大我成就

國際弘法，最要忍受的是時差與溫差。印象最深的是有一回由澳洲飛到馬來西亞主持三皈依典禮，從南半球的冬天飛到北半球的夏天，當時大馬氣溫近攝氏四十度，場地沒有空調設備，師父連披搭在外的紅祖衣都溼透了，弟子們看了萬般不捨，但是師父仍滿心歡喜，看到這麼多人接觸佛法，一切都是心甘情願的。

澳洲行程中，有一次搭乘大巴士前往某地弘法，車子行駛在路上，南半球的豔陽高照，我感到刺眼難受，趕緊換了位子。但是師父卻如如不動，安然自在。讓我想起師父早年從宜蘭搭火車到南部弘法，途中八、九個小時都不輕易起坐，保持出家人莊嚴的威儀，讓人看到出家人的威儀三千。做弟子的我，見識到師父的過人之處。

在奔波的行程裡，師父每晚幾乎凌晨才休息，一大早又啟程趕赴下一場弘法。在歐洲甚至曾經一天走了三個國家。為了爭取時效，師父除了成立佛光會，演講、會客、巡視道場，與弟子討論一日弘法的得失等，常至凌晨才休息。當師父看到徒眾們倦容時，也會很幽默地大喊「解散」，讓大家各自回寮休息。但是徒眾們關燈離開之後，師父又開燈起身，閱讀各地來的傳真、書信、社會新聞消息。

第二天早上，師父自己打針，吃下昨晚留下的冷麵包，然後在走廊上唱著〈三寶頌〉叫我們起床。師父認為徒弟也是道友，不是自己的差役，所以不輕易麻煩弟子，即使是為他端一杯茶水。

而事實上，我非常不堪這種辛苦與疲憊，心中經常盤算著再過幾天才能回台灣呀？但看到師父夜以繼日地辛勤，忘了自己，只想遍灑菩提種子，讓佛光普照，使法水長流，著實為自己的畏苦感到慚愧。

回台之後，身為護理人員的我，自己生了一場重病，我終於明白原因是什麼？我心念著自己，而師父心中念念為了佛教、為了大眾。這種為眾的願力，令師父艱忍地度過許多難關。師父說他自己：「心懷度眾慈悲願，身似法海不繫舟；問我一生何所求，平安幸福照五洲。」這種願行，真實不虛，這正是我們弟子不及他的差別所在。

八八救災　尊重關懷

二〇〇九年八月，莫拉克颱風強襲台灣，釀成嚴重的「八八風災」。師父指示都監院緊急召集高屏地區各別分院，分區承擔救災賑濟工作。除了每日提供災區五千到八千個便當，並到高雄山區勸離居民，或划槳到屏東林邊、東港、佳冬等低窪地區，協助滯留的居民撤離家園。水退後，協助居民清除滿屋的泥沙，安置災民到佛光山旗山禪淨中心及本山福慧家園暫住。

當救災情況回報常住會議時，師父嚴肅地告訴我們：這不是在歌功頌德，要知道現在有多少的人在受苦。一語道破，這是我們應該盡心盡力的本分事。

師父更進一步指示：一切按照受災戶原住民的習慣，設立吸菸區、准予吃檳榔，在山下滿香園餐廳設葷食、設立祈禱室，請牧師上山為他們禱告。此外，因山區學校損毀，提供普門中學校區及宿舍，讓學生的學習不致於中斷。師父提醒我們：要給災民真正需要的，不可趁人之危，不可強迫別人，給的人要尊重接受的人，才是真正的情義。

千家寺院 共建佛館

二〇一〇年，佛陀紀念館的建設工程已近後期，有一天師父跟我說，佛牙舍利是教界共有的，希望邀請佛教千家寺院一起刻名在佛館以茲紀念。

我負責的單位是建館籌款處，這是佛教稀有難得的因緣，師父曾指示盡可能給大家都有機緣刻名留念。我天真地跟師父說，刻上道場名字需要多少功德款呢？師父當下嚴正地指導我，這是佛教界共同的歷史，只要同意刻名，怎可論功德多少？所以在佛館有一片巨大牆面上，鏤刻台灣及海外千家寺院的名字。師父說，我們有共尊的佛陀，共有的佛教，共同成就佛教的盛事。

以教為命 力挽狂瀾

我曾請示過師父，佛教未來發展如何？他說：「力挽狂瀾。」這四個字，大大地震動了我。師父說必須藉由道場的提升，才能有助於佛教的推動，他希望各道場能夠百花齊放，讓法雨能夠均霑，潤澤眾生。因此，佛光山曾舉辦過多期的「寺院行政管理講習會」，讓教界大眾一起來參與，師父甚至自費出版《佛教叢書》、《佛光教科書》、《僧事百講》，提供佛教友寺道場做為參考的教材。

二〇一五年，師父指導教界可以成立「中華人間佛教聯合總會」，邀請佛教各寺院共同參加，藉由這個平台，增加大家相互交流、學習、參訪的因緣，秘書處也在年度會員大會時，同時舉辦專題研討會。例如：E世代的弘法模式，如何開發青年學佛等等，提供一些弘法的方法，讓大家一起共學，以加強各道場弘法的因緣、能量。師父說：「法幢不可傾倒、慧燈不可熄滅。」他希望佛教界團結，共同來推動佛教。

勤於寫作　閱讀不倦

在隨侍師父弘法的行程中，感覺師父怎麼都不休息？在一日弘法行程結束後，就是師父閱讀的時間。

師父最常問我們：最近有什麼新書？因此，有些徒眾知道師父勤於閱讀，都會主動送上一些書籍到法堂。師父是一個大量閱讀的人，所以遍知一切的法，應對眾生的需要，為他們解除憂苦。

師父也勤於寫作，筆耕不斷，只為將內心的法水泉源，源源不斷地供養大眾。師父的著作，如同法水普潤著眾生，為我們帶來美好的人生。師父成就的三九五冊《星雲大師全集》，就是他的法身舍利，師父雖然捨下了色身，但是他慈悲的法水，仍不斷地滋養著我們。

公益基金　益世化人

師父的一生，其實就是一個義工的人生，只因心繫眾生，如同佛菩薩的有求必應，其實也是眾生的義工。師父經常勉勵我們做一個「有情有義」的人，在〈真誠的告白〉最後囑咐中說：「我對社會的文教、公益數數尊重，所以有一個公益信託教育基金……除了少數由信眾發心捐贈，全由過去的稿費和一筆字所得。今後，山上的長老可以護持，也希望佛教人士或熱心公益者的遺產都可以參與進來，讓公益基金壯大，更能造福全民，成為國家社會的一股清流。像真善美傳播貢獻獎、三好校園獎、全球華文文學星雲獎、星雲教育獎等，其他再有項目，只要經濟許可，將來都可以設立。我們對於社會總要增加養分，這是每一個佛教徒不可以推卻的責任。」

尤其，基於「以教育培養人才」的願心，師父設立了「好苗子獎助基金」，以「公益信託星雲大師教育基金」鼓勵來自偏鄉，或清寒、或弱勢的優秀學子，讓他們能夠順利安心地就學，成就未來的人生。

勸退百難　願成大眾

師父生逢憂患的年代，貧窮、戰爭、逃難、三餐不繼、身無寄所，遭遇許多刻骨銘心的苦難。今日佛光山能有所成就，雖然師父常說這不困難，一切都是大家的幫忙，水到渠成；但我們看到的是，人間佛教就是師父的生命，師父依著四大菩薩的願行，成就人間佛教的發揚。

師父的法水甘露，周遍十方，如觀音菩薩；師父的利生度眾，巧智慧心，如文殊菩薩；師父風來雨去，不捨一眾，如地藏菩薩；師父忍難忍苦，無盡行願，更如普賢菩薩。師父說他「生於憂患、長於困難、喜悅一生」，弟子們從師父寫的〈為僧之道〉中，找到了答案。

在過客的人生中，我回來了，真真實實地歸隊了。如果我今生能有些許的成長，感謝父母親友的生養培育，而助我經過許多歷練，用佛法來滋養我的人生的，是師父給我的，是佛光山給我的，是佛教給我的。

我自己仍有不足，唯有自我期勉，再接再厲，才能不負佛恩，不負師恩於萬一！

隨侍記錄的見聞與感動

滿義法師　佛光山人間佛教研究院研究員

滿義

如果有人問我：此生最感慶幸的事是什麼？

答案無庸置疑，當然是：學佛出家，並能隨侍師父身邊記錄！

談到這件事，很自然回想起一九八六年九月，在我就讀叢林學院專二上學期的開學典禮上，教務主任依空法師為我們宣讀，當時正在美國西來寺閉關的師父上人寫給佛學院學生的一封信。當天空師父讀過信之後，順勢鼓勵同學寫信給師父，於是我在滿懷感動的心情下，提筆寫下了生平第一封給師父的信。沒想到一個多月後，竟然收到師父給我的回函，他說佛教很需要文學的人才，勉勵我好好努力，共同在佛光山為佛教奉獻。

師父的鼓勵，就像一股暖流，時時激勵著我。後來師父在一九九一年成立書記室，同年七月，我收到調職「開山寮書記」的人事派令，因此得以隨侍師父，記錄他的文章。

在隨侍記錄的日子裡，除了時時沉浸在佛光法喜裡，更多的是被師父「有教無我」、一心只為弘揚人間佛教而「無私奉獻」的精神所感動。例如，過去經常有人問：佛教的書籍那麼多，到底要看那一本才能全盤了解佛教？

為了解決這個佛教存在已久的問題，師父不斷在心中蘊釀，希望有朝一日能夠寫出一本或一套佛書，可以幫助大眾全面認識佛教。

這個心願在一九九五年《佛教》叢書出版時終於實現了。師父在這一套叢書裡，依「教理、經典、佛陀、弟子、教史、宗派、儀制、教用、藝文、人間佛教」等十大類來介紹佛教，讓人能夠系統化地一窺佛教全貌。之後又於一九九九年編著一套十二冊的《佛光教科書》，希望兩者能相輔相成，幫助有心人循序漸進地深入佛法堂奧。只不過《佛光教科書》的最後一篇文稿，竟是師父在「小中風」的情況下抱病完成的。

記得那天一早，我到法堂上班，發現門窗洞開，燈也是亮著的，可是裡面空無一人。隔壁的開山寮裡，不斷有人進出。我一時好奇，跟著走進開山寮，一眼見到師父倚坐在客廳的沙發上，一旁有長老惠師父、容師父，以及幾位侍者圍繞著。

師父見到我，用虛弱的聲音說：「滿義，去拿紙筆過來。」一旁的長老一聽，知道師父又要口述文章了，連忙齊聲說道：「師父，不可以啊，您現在要多休息，不能再工作。」然而師父不顧眾人勸阻，只聽他輕聲說道：「《佛光教科書》現在只剩最後一篇就可以付印了，你們不必擔心我，讓我把它完成，好讓這套書早日出版吧！」於是儘管說話明顯有些吃力，師父依然憑著願心毅力，思緒清晰、條理分明、一氣呵成地口述完《佛光教科書》的最後一篇文稿，那就是第六冊《實用佛教》的第十五課〈佛教徒的一日行〉。

師父一生，像這樣「為法忘軀」的事例，可謂多不勝數。因為師父認為，佛教本身固然是上好的福田，但身為佛子的我們，應該深思：如何將這塊福田的價值發揮到極致？

為了極致發揮佛教的價值與功能，師父一生沒有假期，沒有個人，更沒有退休，他永遠心繫佛教，時刻胸懷眾生。為了替人間佛教開創更大的弘傳空間，期讓眾生有多一分得度的因緣，於是他展開「全方位」的弘化。而當中，「著書立說」一直占有極其重要的分量。

所謂「化當代莫若口，傳來世無如書」，師父深知文字弘法的影響力既深且遠，因此一生寫作不輟，著作等身，出版了三九五冊的《星雲大師全集》，總計四千多萬字。只是背後少有人知道，師父每天都有會不完的客，有各界邀約的講演不斷，還有各種會議、法會、活動要主持，甚至徒眾要請示、學生要上課、工程要巡視。尤其一九九一年佛光會成立後，更是馬不停蹄地巡迴五大洲，主持各國協、分會的說明會、籌備會、成立大會、幹部講習會、座談會，乃至皈依三寶、佛學講座等。

師父每天的行程一個接一個，他不像專職的作家，有充裕的時間寫作，他的文章大都是利用弘法之餘的零碎時間完成的。例如二〇〇〇年《人間福報》發行時，師父在頭版開闢專欄，先後撰寫《迷悟之間》與《人間萬事》各三年，每天一篇，約一千至一千二百字左右，六年下來累計二千一百多篇，總計二百多萬字，幾乎都是在忙碌的弘法行程中，利用南來北往坐在汽車裡，或是出國時在機場等飛機，甚至在飛機上，乃至每天的飯後跑香，都是他口述文章的時間。

師父才思敏捷，「世間萬法」都可以「信手拈來」，成為寫作的題材。師父不但「大塊假我以文章」，而且「出口成章」，一篇文章，只要有個大綱，甚至只要有題目，他立即文思泉湧，一氣呵成地口述下來，便是一篇條理分理、邏輯清楚的妙文佳作。

通常千字左右的短文，師父平均大約二十分鐘就能完成一篇，有時一天可以寫個十來篇，因此《迷悟之間》與《人間萬事》各刊載三年，但都不到二年就已寫好三年的篇數，這還不包括其他同時進行的，像是《合掌人生》、學術論文、主題演說、民意論壇等。

師父曾說，他所以能快速地口述成章，主要得力於經常應邀講演，練就了打腹稿的能力。其實依我的觀察，這固然是原因之一，更重要的是，師父的佛學素養深厚、修行體悟深刻，加上世間學問淵博、人生歷練豐富，所以他深懂人心、人性，繼而能針對人生的需要，把「佛說的、人要的、淨化的、善美的」佛法抒發為文，帶給眾生利益。所以師父的文章，總覺得是他「自性」的流露，是實踐佛法的修行體悟，也是對眾生的悲憫情懷。

由於師父一心只想多寫一些文章來利益眾生，因此即使生病住院，都可以在病房裡，一邊吊著點滴，一邊不停地口述；平日裡，犧牲休息、睡眠的時間，就更不用說了。

記得在《人間萬事》刊載期間，只要師父在山上，每天清晨五點不到，他就會從傳燈樓二樓法堂，打電話到五樓研究室給我。每當電話一響，拿起聽筒，就會傳來師父輕柔的聲音問道：起來了嗎？

每回我都是精神抖擻地回答：起來了！

事實上，我通常都是利用晚間整理當天口述的文稿，以便隔天一早可以交卷。因此，有時我會先小睡一下，然後早早起來整理；有時則是整理到凌晨，才剛睡下不久電話就響了。但不管如何，我的回答都是：起來了！

這時師父就會說：可以下來了！於是我快速地刷牙、洗臉，然後下到二樓，只見師父已經好整以暇地坐在位子上，準備開始工作了。

依照平時的慣例，我會把已打字成篇的文稿，一篇列印二份，讓師父看著文稿聽我唸，中間如果有需要增補或修改的地方，師父會隨時提出，讓我修正後再作最後定稿。

從《迷悟之間》到《人間萬事》，都是依著這個模式進行。可是後來有一天，師父告訴我，他的眼睛已經看不清楚了。從那之後，不管是已口述好的文稿，或是待撰的大綱、題目，師父就只能聽我唸。但是儘管如此，師父絲毫不受影響，他依然輕鬆自如地完成一篇又一篇的文章。

這期間，曾發生這麼一段小插曲。有一天，才清晨三點，電話就響了。電話中，師徒如往常一樣對話後，我飛快下到二樓。一樣是先唸過所有已成篇的文稿，之後師父口述了三篇新的文章。這時，師父突然像是自言自語，又像在問我：「奇怪，我的侍者今天怎麼還不來上班？」

原來，平時一到六點左右，湯藥侍者就會進來為師父測量血糖。師父覺得今天已經工作這麼久，應該早就過了六點，為什麼還不見侍者到來？結果事後才發現，原來當天師父看錯時間，他把三點看成五點，所以我們比平時提早二個小時上班。

曾經師父不只一次說過，他因為眼睛看不見，加上手抖，所以平時只要靈感一來，有了想寫的題目或大綱、內容，他就急著想趕快唸給我聽，讓我記錄下來，免得過後忘了。因此師父早起，其實並不是睡不著，而是心中有太多想要帶給眾生的佛法，他急著把它寫下來呀！

視力上的不便之外，由於師父曾因心肌梗塞，做了心臟繞道手術，把左腿的靜脈借給心臟血管使用，加上糖尿病的關係，造成雙腿血管阻塞，因此走路常感舉步惟艱。

有一段時期，師父經常出國弘法，每次在機場進出海關，長長的通道總讓師父走得很辛苦。隨行的蕭碧霞師姑因此經常借來輪椅，只是師父一向威儀嚴整，每次都是拒坐。直到有一次到香港，也許是當天師父的雙腿實在太乏力了，師父竟然欣然坐上輪椅，而且這一坐，師父發現，坐輪椅可以快速通關，節省很多時間，從此他不再排拒坐輪椅通關，甚至到了後來，連平時都必須靠輪椅代步。

由於記錄文稿，讓我得以有因緣跟隨師父的腳步，走過十幾個國家地區，親眼見證師父如何在成就一場又一場的弘法盛會之際，又能同時完成一篇又一篇的文章。而這一路走來，我也看著師父從雙眼明亮到幾近看不見，從健步如飛到以輪椅代步。但是儘管色身會衰老、世事有變遷，唯一不變的，是師父弘法的熱情。

師父的悲心宏願，從來不因色身老病而稍減分毫，反而更加勇猛精進，每天都在與時間賽跑，只為多爭取一點時間來為眾生服務。師父一生，就像他曾經發願，願將自己的血液化為清水，供給參加大專青年夏令營的學員飲用一樣；師父一直都在燃燒自己，照亮別人。他用全付的身心、生命，無我無私地奉獻，造就出今日的人間佛教，成為人間的一道光明，不但照亮了無數黑暗的角落，成就了無數善美的好事，更讓無數的生命因此得以翻轉。

在人間佛教嘉惠的廣大群眾中，我就是其中之一。我的人生，若不是遇到師父，若沒有人間佛教，恐怕難脫「空來人間走一回」之歎！因此，我對師父的感恩之深、對人間佛教的感情之濃，實難以為外人道。不過我很能感同身受，了解為什麼在師父圓寂後的第一時間，會有那麼多各界人士，紛紛自發性地撰文，表達對師父的崇敬與緬懷。我在想，師父以真心待人，人必報之以誠，這應該也是很自然的道理！

如今師父的色身雖然隨著化世圓滿而入滅，但是師父在五大洲所創建的佛光道場，以及所推動的弘法事業與活動，尤其師父的著作三九五冊《全集》，都是師父的「法身」應化，時時都在閃耀著智慧的光華，指引著眾生邁向成佛之道。就像當初佛陀住世時，雖然無法度盡無緣眾生，卻已為眾生留下得度的因緣。相信未來，「人間佛教」必將永為眾生得度的慈航，一定會有更多人跟我一樣，因為「人間佛教」而重獲新生！

抱著電鍋去柏林

滿徹法師

佛光山礁溪會館監寺

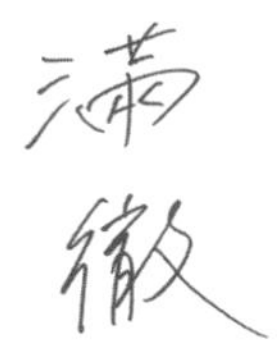

師父慈悲，處處關心山上員工，感動員工，發心為常住服務、成為佛光人。

民國八十年，台灣各地要成立佛光會，師父常常白天成立佛光會、晚上佛學講座，回到佛光山都已經是半夜。師父告訴我：頭山門老伯要早起，要我去頭山門等他，讓老伯休息。所以很長一段時間，晚上十點後，我都坐在頭山門看著放生池觀音菩薩，或看著天上星星念佛等師父回來給他開門，這是我每天的快樂時光。師父的慈悲、處處為人著想，頭山門老伯知道了淚流滿面說：大師的慈悲，他要看好頭山門。

朝山會館煮飯的郃伯伯耳朵重聽，發心在朝山會館煮飯，隨時注意飯量，不會有飯不夠吃的情形。師父常到朝山會館關心他，所以郃伯伯說受到師父的關心照顧，他這一生就在朝山會館煮飯，直到煮不動為止。謝淑惠、吳秀鑾、吳秀月、莫慧芬四位在家小姐感念師父的慈悲教導與愛護，發願奉獻佛光山。師父常常關心她們，給予鼓勵和獎勵，他們以在家之身，留在佛光山服務奉獻近四十年，各擁有一片天。

師父宏願

一九九一年（民國八十年）四月，佛光山舉辦五十三天羅漢期戒會三壇大戒，同時舉辦在家戒會、水陸法會，吃住上課都在麻竹園。當時我在麻竹園服務，戒會圓滿那天戒子要去嘉義行腳托缽，師父突然到麻竹園對我說：「我你這幾月辛苦了，我帶你去嘉義圓福寺看行腳托缽。」上車後師父說：「我有個心願，希望有人可以到德國弘法，你有一個姊姊在德國，我派你去德國好嗎？德國很重要：第一：德國是歐洲的中心，第二：德國佛學研究得很早，第三：德國這個民族不可忽視。但是我們在德國沒有因緣，你去尋找因緣。」

有一天師父拿出德國地圖來研究，師父說柏林是大都會，因為我大姊住在柏林，就去柏林。於是找《普門雜誌》了解是否有德國訂戶，結果有三位訂戶，我寫信和他們聯繫，只有一位游秀英師姐回覆，她說佛光山要來德國很好，但是她嫁德國先生，又住在南部小鄉鎮，無法幫忙。後來我到德國後，游秀英師姐幫助很大，柏林、法蘭克福道場都護持，法會必到。

我找資料寫信和德國當地的佛教會，以及在德國的台灣社團聯絡，都沒有回音。大姊也回覆說：簽證困難，這裡沒人信佛教，你來沒有用。我跟台北德國經濟辦事處聯絡，詢問有什麼方法可以辦簽證，唯一的方法是觀光簽證，只有一個月且不能延期。一九九二年八月二十日，拿到一個月觀光簽證和機票，告訴師父拿到簽證明天就要出發了。

師父說「有佛法就有辦法，你去想辦法找因緣」，拿了一萬美金給我。當天下午我抱著一尊佛像、一個電鍋，以及引磬、木魚上了飛機，心中其實很忐忑不安，去到德國怎麼辦？轉三次飛機，飛行近三十小時才到柏林。

八月二十二日中午到大姊家，借住她家車庫旁的工具室，內有暖氣。因為以觀光簽證進德國，所以一進門就與大姊研究居留及弘法問題，直到深夜仍無結論。午夜下樓回房準備休息，關燈剎那忽然看到好多的手不斷在我身邊四周揮舞，愈來愈近且愈多，心想為什麼有這麼多手，長途飛行加上身心疲憊，口念彌陀聖號就睡著了。

第二天拜會台灣駐柏林辦事處，取得一些台灣在柏林的社團及餐館地址，隨即買一本柏林地圖和地鐵路線圖，開始展開拜訪活動。旅居柏林的華人都是十幾年以上老僑，對佛光山很陌生，第一天的拜訪活動並不順利。

用過晚餐，子時（午夜十二時）順手關燈就寢，又見到比昨天更多的手從四周湧過來，要抓我的衣服，當下明白師父的弘願，德國需要佛法弘揚，無數無形眾生都需要佛法。第二次世界大戰，柏林被轟炸嚴重死傷。當下對那些無數的手說，我知道你們需要佛法的救拔，從現在起我每天誦一〇八遍〈往生咒〉回向給你們，等我們有道場時會拜梁皇寶懺和三時繫念超薦——眼前一片光亮，所有的手都消失。台灣辦事處給我越緬寮聯誼會、台灣同鄉會的地址，第二天早上我就依照地址一一去拜訪這些團體，讓德國社團知道台灣佛光山有法師來柏林弘法。

障礙困難與轉機

最大的困難是我姊夫，他是柏林自由大學物理、化學的雙博士。畢業後就考進德國原子能研究所，德文很好，但個性孤傲。他服務滿五年的原子能研究所不跟他續約，他沒工作也不去找工作，自認為博士怎麼可以去找工作，每天在家裡蹲。

大姊從事護理工作，要照顧孩子申請上早班，每天清晨五點多就出門了。大姊出門我也出門，總不能留在家裡和姊夫對看。清晨出門後，在外到處遊走，試著在柏林找因緣。到柏林最大的KDV百貨公司、觀光場所、動物園，看看是否有東方人。在我去之前有六位耆那教徒，穿著白色長袍在柏林KD大教堂前面自殺，我穿長衫就被歧視，警察詢問、路人關注。

一位越南女法師，曾到台灣旅遊，曾在佛光山麻竹園掛單。當我在柏林流浪的時候，常到他的越南寺廟稍作休息，法師非常地親切和藹，有空會開車送我回家，被我姊夫看到，說我暴露他們家的隱私權，就寫告訴狀要控告我，要趕我走，幾乎天天鬧，夫妻天天吵架。

柏林圍牆打開後，大陸到德國讀書的人非常多，有一天在路上，遇到一個中國留學生，說「我太太是台灣宜蘭人的佛教徒」。他太太淑瑩告訴我，她先生初來德國認識一位史密斯律師，幫助過很多中國人拿到簽證，可請他幫忙。律師告訴我，他會盡最大努力幫我取得觀光簽證的延長。

當年柏林圍牆剛打開，許多國家的人到柏林，每個月為了簽證，必須凌晨二點多就要出門，走路去搭凌晨四點的第一班地鐵。有一次跌在雪堆裡，下半身凍僵幾乎沒知覺，掙扎很久才爬起來，雙腳凍僵無法動彈。突然一個念頭：我為什麼要如此辛苦？馬上另一念頭再起：怎麼可以有此念頭，我是佛光人，我是出家人，弘法是責任與義務，不論遇到任何艱難困苦都要克服。眼前突然有一道很強、很溫暖的光照在我身上，全身都溫暖起來，一股力量推動著身體，沉重的腳步突然感覺輕快無比，不知不覺中已抵達地鐵站，順利搭上第一班火車前往辦簽證。

德國外警局以姓氏英文字母拿號碼牌，我是S字頭最多人，總是拿不到號碼牌，為了簽證每個月都要跑好幾趟。在德國十四年弘法道路上，「我是佛光人，我是出家人」的使命，讓我突破所有艱難險阻，勇往直前從不退縮。

德國第一個佛堂

有短期居留就開始找房子，有一個可以暫時安身處。有一天在路上遇見一位師姐告知有房子可出租，我滿懷希望去，卻失望落空。當時天色已暗，我不想回大姊家，徘徊在德國地鐵站很久不知何去何從，是回佛光山還是留下來？順手買一份二手貨報紙，看到一間出租房子，條件非常合適且交通方便。房東竟然說：「出家人很好啊！觀光簽證沒關係，你明天就可以過來看房子簽約！」

屋主是一位伊朗留學生，房子是他德國醫生姊夫的，把房子租給出家人，他很開心。當下簽約，我馬上打電話給當時的海外都監院慈莊法師。

他說今天是一九九二年十一月一日，佛光山在德國柏林成立禪淨中心，這是歷史的一刻。到超市看到任何東西都很貴，捨不得買，只有麵粉最便宜，我就做麵疙瘩，做一鍋可以吃好幾天，有客人、信徒來都吃麵疙瘩，後來流傳到各餐館，麵疙瘩成為柏林各餐館美食。

有了居住的地方之後，我就到各個餐館告訴華僑我們在這裡有佛堂了。於是這些中國餐館的老闆們非常熱烈參加，呼朋引伴每個星期二晚上十二點至凌晨三點來佛堂，參加「談天說地」的活動。十二點共修後，我講佛法和佛典故事給他們聽，然後他們聚餐聊天，不去賭博打麻將，這個活動成為當地餐館的一個盛事。台灣經濟辦事處張處長和僑委會鄭秘書都說：佛法改變旅居柏林華人的不良習慣，而成精神支柱。

居住安定後，由車慧文博士及九位柏林婦女會和龍門飯店成員，成立德國柏林協會，車慧文博士擔任會長，我當柏林協會佛教老師。

不久我觀光簽證到期，我就拿這張德國柏林協會佛教老師的聘書回台灣辦簽證，德國辦事處給我兩年的工作簽證。

有工作簽證後，師父指示趕快買道場固定下來，只好往東柏林方向找道場。

一九九三年，在柏林飛機場附近買了一棟含地下室四層樓的辦公樓，做為我們的道場。有了固定的道場後，就開始共修和辦活動，一九九四年八月舉辦梁皇法會及三時繫念法會，邀請法國巴黎依照法師主法。依照法師上台後，身體開始不適想吐，臨時換我上去，依照法師下來就好了。我猛然想到，我剛到柏林連續兩天看到很多隻手，當下承諾有道場要辦法會超薦。所以法會第一支香我必須自己承擔。德國人需要佛法，無形的眾生更需要佛法的救助。

柏林佛光山：歐洲最大道場

信徒愈來愈多，一九九四年購買的四層辦公樓道場已不夠用，一九九八年找到了現在的ＡＫ柏林佛光山，一九九九年五月裝修完工，九月佛光山梵唄團在柏林音樂廳演唱，轟動柏林，上柏林頭版新聞，同時舉辦新的柏林佛光山開光落成典禮。同時舉辦全歐洲三皈五戒、國際佛光會歐洲幹部講習、佛光會歐洲聯誼會等，是當時柏林的大盛事，柏林佛光山是全歐洲最大道場。

因為舉辦很多有意義的活動，德國總統賀隆（Roman Herzog）特別在官邸召見，外事局來佛堂看到師父的四給——「給人信心‧給人歡喜‧給人希望‧給人方便」——非常感動，認為這就是德國需要的信條，當下宣布今後佛光山來德國的法師人數不限，歡迎佛光山到德國弘法，這在排外及沒有任何移民政策的德國是首創。

後來法國、荷蘭、瑞士都用德國簽證，解決我們佛光山法師簽證問題。柏林佛光山成為柏林中小學參觀、教學地點。二〇〇〇年一月我被調派到法蘭克福。

佛教需要青年，青年需要佛教

在德國初期弘法，當地出生的青少年對道場幫助很大，我請大姊的兒子每週日來佛堂為信徒的孩子補習功課，這些從九歲到十八歲的青少年，就承擔每週日共修的洗碗、拖地、搬桌椅、布置，用德文介紹道場活動、招呼德國信徒等工作，因為這些青少年在當地出生、受教育，語言、文化能與德國人相應，接引很多德國人，再傳承給在德國長大的華裔青年。現在柏林佛光山就有兩位德國出生、受教育的優秀青年，就是當時培養出來的。佛教需要青年，佛光山法脈就要靠更多的優秀青年朋友們繼續傳承。

師父著作，德文翻譯

德國人是全世界最愛讀書的民族，小孩從幼稚園就開始看書，週末或假日沒出去旅行就是在家看書或整理院子或花園。

師父第一次到柏林，就請會長車慧文博士將《心甘情願》翻譯成德文。伯托（Roland Berthold）檀講師和海菲爾醫生（Haefele）、車慧文督導、丁政國會長、我大姊，首先將《阿彌陀經》、〈普門品〉、《金剛經》、〈八十八佛懺悔文〉、祈願文用德文拼音並做簡單解釋，讓德國信徒能跟著誦念，所以每週日參加共修的德國人很多。伯托從一九九三年起，每週都來為德國人上德文佛學課、人間佛教十堂課。一九九七年師父授證伯托先生為德國檀講師，成立非漢語系（德文）人間佛教探討與禪坐，持續到前幾年海菲爾醫生往生才圓滿。

法蘭克福書展是全世界最大、最有名的書展，每年吸引幾十萬人參加，展場和我們法蘭克福道場地鐵只有六站，師父重視文化，我們每年都參加書展，展出書籍以美國翻譯中心翻譯的師父著作為主，也展出佛光山梵唄ＣＤ，很受各國參展書商和民眾的關注和喜好，十二年前德國出版公司陸續將師父的英文版〈人間佛教的經證〉、《菜根譚》、《迷悟之間》翻譯成德文出版，盛受歡迎與暢銷。

師父雖捨報圓寂，但精神典範永留人間，我們會持續跟隨師父利益眾生。

佛緣・師緣・無上甚深緣

覺用法師　東京佛光山寺住持

覺用

與師初緣

一九八〇年，經常在下課後，走過北門口的雷音寺（現在蘭陽別院），在殿外禮佛完就離開了，期待有一日能遇到北門口的師父，但總是無緣，只能在電台上聽到師父短短的說法。每次聽聞佛法，心中總是不自覺地生起歡喜，雖不能遇到明師，但也種下了日後得度的因緣。

迷時師度，悟時自度

在母親的接引下，參加佛光山北海道場的朝山，就讀了台北女子佛學院。北海道場是地處溼冷的高山，師父雖然罹患糖尿病，但為了佛學院學生，常常不顧自身的疾病上山為學生說法。有一次師父開示出家之道：出家入道要有出世的性格，要有出離心，對世間的榮華富貴、名位權勢，要不眷戀，不相應。怎樣才能安住佛道，首先要對佛法有信心，要有隨眾的性格。

此外，選擇依止的常住、師父也很重要，既已選定，就是有緣，便應心存感恩，敬重服從。出家生活是一生一世的，要在僧團裡安住，必須具備福德因緣。因此，對於自己的一言一行，乃至起心動念都應留意，以保任最初的發心。所謂「菩提心好發，恆常心難持」，發心出家學道很容易，但是要堅持下去就不容易了。出家不是一朝三日的事情，出家是要終生奉行佛法的。出家的內緣具備了，外緣就是要有依止的寺院、常住，要有師父肯收你做徒弟。選擇一個有道德有修養的師父，來調教你成材，就看你有沒有福德因緣得到。選擇常住、選擇師父，有時「緣分」很重要。出家後更要以「弘法是家務，利生為事業」，弘法利生的能力全都具備。聽到師父的開示，心想若能追隨師父共同荷擔如來家業，也不枉師父為教的苦心，因此萌生出家的念頭。

出家法緣

剃度出家前，師父問我們大家：出家要如何貢獻佛教？我回應，出家人本來就應該遍學一切，努力奉獻佛教。師父點頭讓我坐下，心中總算鬆了一口氣，我終於找到了師父。這種心境猶如〈大勢至圓通章〉所述：「十方如來憐念眾生。如母憶子。若子逃逝。雖憶何為。子若憶母如母憶時。母子歷生不相違遠。若眾生心憶佛念佛。現前當來必定見佛。去佛不遠。不假方便。自得心開。」諸佛菩薩不捨一位眾生，眾生亦不捨諸佛菩薩。

師父的無限忍耐

後來我被派往東京別院任職，有一回師父來主持甘露灌頂三皈五戒典禮，一日早晨五點多時，電話響起，師父問：「你是那位？」「我是覺用。」「你在做什麼？」「準備早課。」師父說：「好。」電話就切斷了。六點多電話又再度響起，問了同樣話題……最後師父告訴我：「你不要告訴任何人我有打電話過來。」原來師父因為患有糖尿病，容易飢餓，但仍然保持準時過堂的精神，寧可忍耐也不影響大眾。師父的身行與言教，是我們終生學習的楷模。苦，只是暫時的過程，不能把這個過程當成人生的全部，所謂「苦盡甘來」。因此，苦對人生有積極的作用，不必怕苦，不怕苦、不怕難的人才能有成就，在苦難之前畏縮不前，就一事無成。

全方位「給」的人生

他曾教導我們「給」比「受」好。不希望「人人為我」，而要「我為人人」。不要自己靠佛教，而要以一己之力，弘揚佛教。

東京別院過去外觀是一座鐵皮屋，長年累月已無法翻修。二〇〇四年在師父的指導下重新啟建。看了建築圖便教導善用多一層樓，舉辦各項社教，成立人才培訓班，如組織三好兒童、青年團、佛光會等；舉行各項活動、會議、論壇、講座、佛學班等裨益大眾的學習。這一切設施都緣自師父處處為人著想的菩提心、慈悲念。

師父與建築

師父認為寺院是佛法弘傳的據點，宗教的建築物與居家的建設不同，寺院殿堂是佛教的代表、是信仰的中心，是信徒心靈的寄託。因此殿堂建築講究莊嚴、高大、雄偉，信眾到寺院自然會生起崇敬莊嚴的清淨心，這是宗教教化人心的功能之一。

二〇〇四年東京別院重建時，設計師畫了很多圖，畫得很像飯店，透過師父的指導，觀摩了教育部建築，樓層不多，但卻高挑、雄偉。突破了困難而成就了唐式風格的東京佛光山寺的外觀。原來師父是一級的建築大師，因為有師父的建築美學，為參訪的賓客留下無數美好的照相回憶。

師父與我握手

有一次師父在本栖寺為全日本徒眾上課，師父竟然走下台與我握手，我抓緊時間，雙手緊握了一下。隨後師父上台講說握手的含意。

「握手是一種見面禮，表示禮貌，表示親切，表示友誼。有些人一旦如願握了手，真恨不得三天不洗手，以示對偶像的崇敬。」

「握手可以溝通情誼，握手也可以一握泯恩仇。有的人因為有了誤會，心生嫌隙，互不往來，經過朋友解勸，相互握手，言歸於好，有的人藉著握手表達對人的真誠友誼。」

「有的人雖然只是禮貌性地一握，很快就放手，但是面帶微笑，給人無比親切的感覺。有的人很有紳士風度，握手時雙目注視，雖只輕輕一握，無限的真誠盡在不言中。除了握手以外，佛教以合掌為禮。所謂『合掌』者，以十個手指代表『十法界』合十法界於一心，一心恭敬，是為合掌。合掌之禮比較莊嚴，應該在重要場合、典禮時行之為宜。如果是平時的相互往來，以握手為禮，也算方便。握手重在至誠真心，透過握手，就看彼此的感受了。」

師父上課方式的方便權巧，實在活潑、生動而意義深刻，原來因為握手也能一念之善泯千仇。

宗教法人臨济宗
日本佛光山・東京佛光山寺

海基會與海協會的友好橋梁

有一回海基會與海協會要在日本召開會議，並且要到東京別院用齋，師父要我們好好招待。我想用齋飯不是困難的事，準備一切事物，才發現東京別院的碗都是吃素丼飯的碗，這如何請客？人有誠心，佛自相應。剛好有幾位台灣的護法信徒來觀光旅遊，看到寺院在張羅這些事，他們就主動幫忙解決而成就這一場美好因緣。二會也因為星雲大師的成就心意，促進了兩岸的友好交流。師父一直都是以無我成就他人，他是搭建兩岸最美麗橋梁的人間行者。

墓園的啟發

師父以人生「三百」歲為芸芸眾生付出的精神，鼓舞我也要精神奕奕，直到如今。他說：佛光山有一位義工，默默發心耕耘四十年，為人無我，什麼都可以不要。大師鼓勵他要更加珍惜生命，每個人什麼都可以不要，但要為自己百年後的墓園努力。

師父的一生，什麼都不是我的，但可以更努力，這是實踐佛陀的教法，向前有路的精神，令已生善更增長。師父是弟子們永恆追隨的一顆星，實踐師父的願心，與師相隨。弟子會學習您佛教靠我，捨我其誰，一步一腳印的精神，直至人生的盡頭。

圓滿的夢境

師父一生推動人間佛教，是菩薩行者，是佛光弟子典範。在日本為我們留下了無數美好回憶。一九九一年至東京弘法，建寺安僧，主持無數三皈五戒、佛學講座、幹部講習會、世界大會，以及各項會議、座談會，與日本寺院往來，促進國際交流等。每完成一件事，猶如一花一世界，一葉一如來。為大眾留下了幸福人生。

思念及此，希望身為弟子的我，常思「願將此身奉塵剎，是則名為報佛恩」，繼續弘揚人間佛教，以師志為己志，以師命為己命，以綿薄之力報答師恩。

師父一生的精神，始終不離佛陀的思想，也是身為弟子的我們終身學習的榜樣。二〇二三年二月五日師父圓寂了，師父圓寂後，某日偶夢在東京法堂與師相逢，師父依然說法不斷，一句一言皆散發出他的慈悲與給人的感動之心，他帶走了眾生之苦，留給大家幸福與安康！夢中我不由得喃喃自語：師父感謝您給予的一切！醒來後才發現枕邊已淚溼一角。是夢，是真，其實皆不重要，重要的是師父送給了芸芸眾生圓滿的人生智慧！

共乘般若船

慧中法師

佛光山叢林學院男眾學部教務長

師父上人真身坐塔車，行駛在前往台南大仙寺的高速公路上，我隨侍在塔旁，近距離地瞻仰著，同行的天隆寺當家慧浩法師，我們有緣與師父同車、同乘飛機，參與弘法行程，好像沒有同船的因緣？

慧浩法師說：「有呀！我們都跟師父一起在『般若船』上了。」感謝他的提點，一語點醒設框自限的自己。

數年前一日午後，師父在佛光祖庭宜興大覺寺山門跑香時，師兄們快步地向前請安，自己則緩慢地靠近，膽怯地向師父問好。師父說：「你就是走在邊緣，不願走入核心的某人。」當下被震懾，好生慚愧。

邊緣與核心的意涵有何差別？有師兄勉勵：只要再多發心，多承擔常住的弘法工作，就是核心。近年來自己為了課程教學，或是專題研究、自修學習等，長時間在《星雲大師全集》的字裡行間裡耙梳，更於萬種人、萬種事、萬種緣中歷練，逐漸從邊緣邁向師父的思想核心。

師父曾闡述說：「般若智慧是幫助我們度過生死苦海，到達涅槃彼岸的船筏，所以稱為般若船。」師父心懷度眾的慈心悲願，開演佛陀本懷的教法，施設自利利他的菩薩行，無不讓眾生由迷的此岸到達悟的彼岸。尤其，我法二執俱盛的弟子們，更應當以般若智慧來化導自身的頑愚，努力調整修正自心，朝向光明自在的彼岸。

近距離地親近師父上人，是在大陸領職近十年的時期，今日憶念師父的慈悲教誨，感念之心油然而生。

師父每到祖庭大覺寺，總是關心指導建寺工程。一次晚上八點多巡視完工程後，師父回到齋堂才以麵食果腹。當時早已用過餐的自己，坐在對面貌似靜靜地看著，內心卻不斷地嘀咕：師父已經來大覺寺數日了，為什麼都沒有開口指導我如何弘法應對呢？

只見師父放下碗筷，悠悠地對著我說了一個故事。

國學大師錢穆先生，有一次在講說禪學時說：「禪，就是不說破。」

話說，有一位神偷因為年事已高決定金盆洗手，並想將神偷的技術傳授給兒子。一日，趁著夜黑風高之際，帶著兒子潛入民宅，技術熟練的神偷很快地取得財寶。就在將要離開時，神偷卻突然地大聲喊著：「有小偷啊！」

隨後自己俐落地翻牆而出，丟下兒子。

民宅內的家丁聽到有小偷，立即出來查探，神偷的兒子見狀機靈地躲入衣櫥裡，並學老鼠的叫聲。家丁聽到老鼠的聲音便不再找尋，神偷的兒子趁此奪門而出。就在這時又被家丁發現，火速地跳入院子裡的井內。家丁追到院內，看見並無異狀後紛紛離開，神偷的兒子最後從井中爬起，並翻牆而出。

神偷兒子筋疲力盡地返家後，看到父親安然自在地坐在客廳裡，心有所不滿地對著父親說：「您不是要教我神偷的技術嗎？怎大喊有小偷後，自己就跑了，拋下我一人在那裡呢？」

父親聽聞後，反問兒子是怎麼回來的？兒子就一五一十地告訴父親，自己是如何突破重重關卡回到家。

聽完兒子詳盡地解說後，父親就對兒子說：「我已經教你了，因為你都能自己回來了！」

善於演說譬喻故事的師父做了結語：「你從本山派調到蘇北當地，所遇到的狀況我都清楚，想要我替你解決的事，我現在已經告訴你了。」師者有言，教育弟子，使其可從。香嚴智閑法師受溈山靈祐禪師無言之教，迷霧頓開。師父的言教導引弟子要能突破自己的局限，勇於面對境界，能夠直下承擔。

又一日，師父在祖庭大覺寺白塔跑香，隨侍身旁的妙廣法師向師父報告：「師父，現在是慧中幫您推輪椅，他在南京除了協助工程建設之外，也為信眾們開班授課佛法課程。」

我自己馬上接話向師父報告，佛法課程的安排次第與參加的學員概況，心中不禁沾沾自喜，自己不負常住的指示，認真推廣佛法課程，等待師父的認可。

師父卻說：「你說的都不是佛法！」直指人心的話音，頓時不知所措。師父又說：「講說的若只是自己想說，那不是佛法。能講說眾生需要的，才是佛法！」當下明白佛法的真義，慚愧懺悔自身的愚昧。

師父上人對於人間佛教的思想與修行的理論建立，主要是將佛教的義理，以深入淺出的方式，引導大眾做為入門初階之方便，考量一般人不易深入佛教經藏，對佛法義理產生隔閡感。師父憫念眾生那既深廣且細膩的心，是真正善解佛法的菩薩行。

在《貧僧有話要說・真誠的告白》裡，師父闡述自己一生「以眾為我」的行持，囑咐弟子們要具有我在眾中，心中有大眾的精神。有一次隨侍師父跑香時，向他報告金陵城的企業人士喜歡禪修，因此會定期舉辦禪修課程，方便他們前來修學體驗。師父問道：「坐多久時間啊？」「三十至四十分鐘。」「太長了，一刻鐘就好。」自己心裡嘀咕著，一刻鐘？太短了吧！才放鬆完調身，就要開靜了。師父接者說：「適合現代人！我來告訴你，如何規畫兩天一夜的企業領導人禪修課程。」

師父便開始述說，從考量該地區地廣人稠，報到時間以上午十點為宜，再到進入寺院的引導招呼、住宿掛單安排、禪修方法的運用、禪門生活的體驗，乃至課間休息時間與每個環節的連貫銜接等，師父皆慈悲地講解說明。尤其對於終日為事業忙碌的企業領導人，有次第脈絡地教導他們如何透過禪法給予身心安頓之道。

之後，分別在南北兩地，依循師父所教導的方式，進行企業人士禪修課程。當坐香一刻鐘時，開靜引磬敲響後，眾人展現出法喜充滿的狀態。當下終於明白如此的施設是師父關照到眾生的根器，給予現代人適合的禪法。

師父術後休養期間，午後陪同師父在大覺寺白塔風雨走廊跑香，師父突然問我：「慧中，天隆寺的小工，一天要多少工資啊？」

我刻意放慢腳步拿起手機準備要發訊息，請教負責建寺工程的法師時，師父說：「不要問別人，現在回答我。」心想這問題可要正確回答，隨意回應是不行的。於是一面吞吞吐吐地回應師父說好，一面抓緊時機發出訊息求救，並將訊息回報師父。

師父說：「為什麼要問你小工一天要多少工資？因為你在天隆寺雖然負責社教，但是建寺工程的一切你也要關心了解，這樣才能從中學習與成長，更能開闊視野與心量。」

師父上人透見弟子的心，總運用人間萬事，讓弟子看見自己識得己心，進而提升、蛻變，成為更好的自己，奉獻為佛教。在實踐菩薩道上，當認識自己的慈悲心不足時，更要從中修學，如同跨領域的學習。因為我們習慣局限在一個領域內、一種法門中、一類眾生裡，畫地自限，以此為自滿。應當要跨越局限，跨越領域，繼續成長。如同師父上人教導，應該開闊學習，擴大心量。

師父不僅關照眾生所需，更給予眾生因緣。在煙花三月的揚州城，百花齊放美不勝收，師父應邀至「揚州講壇」開講，這是二〇〇八年開壇以來，首度應邀演說。師父以「我怎樣走向世界」為題，述說自己童年、出家、台灣弘法及走上世界的四個生命階段，二千餘聽眾聞法受益，大眾無不法喜充滿。

隨後，有一位師兄說：「有位友寺法師要代轉某長老的書法給師父您！」師父示意請來訪法師進入客堂來，此人呈上長老法師的書法大作，並向師父提出修學佛法的疑問。在這一問一答中。坐於客堂一旁的自己，細心觀察這位法師好似在哪見過？這疑惑不斷在內心盤旋著，會客時間也隨之流轉過了二小時。

夜晚，躺在床鋪上，那「疑情」隨之湧現，這人到底是誰？第二天清晨醒來終於想起，數月前，在外地賣售香燭的商店裡，看到一位身著便服的工作人員，就是昨日謎團裡的主角。於是，趕緊向師父報告。

早齋後該法師在客堂告假離開。送走客人後，忍不住問師父：「您明知道他是假的出家人，為什麼還要浪費時間跟他說這麼多話呢？」

師父說：「我知道你說的事情，但是人都來了，就給他一點因緣，給他幾句話，種下一些善的種子啊！」

誠如師父在《佛法真義》中所說：「做人不要怕給人利用，有東西也不要怕給人分享，因為人與人都是相互關係的存在，彼此是一種因緣的組合。因此，『給人』就是給自己，幫助別人就是幫助自己；你的一顆種子，只要播撒到田地裡，將來都會長大，都會有收成的。」

師父上人的一生，透過身教與言教教導弟子們，心中要有大眾，不以自我為中心，去除自我執著，從中逐步體會「無我」的重要。讓自己心中有他人，把「我」布施出去，離「我」遠一點，不要老想著我，修行就有辦法開始。

因此，若能以師心為己心，實踐人間佛教饒益有情的教法，就是契入核心思想，與師父上人共乘同一艘般若船。今生有幸共乘，怎麼能不善加珍惜！

佛門親家

慧東法師

佛光山美國西來寺住持

慧東

師徒結緣

我最早接觸佛光山並認識師父星雲大師是在美國伊利諾州留學的時候。美國留學生的生活既枯燥，對於未來又忐忑不安，沒有信仰做為依靠，好像一個迷失方向的旅人，充滿迷茫。所以很多留學生在同學的熱情邀請下，週末去教堂，慢慢成為基督徒或天主教徒。可能我與佛教有宿世因緣，每次被邀請去教會時，都以自己是佛教徒而婉拒，其實那時我還沒有真正接觸佛法。後來認識了佛光山的義工，開始與幾位同學到佛堂做義工，閱讀星雲大師的書，開啟了我與師父和佛光山的不解之緣。

當時對於佛法的了解有限，但是到佛堂做義工和讀大師的書有一種莫名的親切感，好像回家一樣地輕鬆自在。睡前，床頭擺一本師父的書，從《金剛經講話》到《老二哲學》，師父的話語如涓涓細流伴我入眠。後來到洛杉磯西來大學讀書，週末就到西來寺做義工。

在西來大學讀書期間，我對佛法的理解，和許多初學佛法的人一樣，更多的是理論上的認知和哲學上的思辨。對生命的解脫、無我的思想充滿興趣，而對於如何在現實生活中運用佛法沒有概念。修行只是與眾人一樣，讀經、禪坐，而為何如此並不真正理解。

二〇〇七年大師來到西來寺，一位義工帶我到客廳見他。之前雖然讀過大師的書，也在芝加哥皈依三寶時見過他，但如此近距離親近他還是第一次。師父親切和藹地問我在學習佛法上有什麼問題？我問大師如何才能證得無我？大師不假思索地說，無我只有在服務奉獻中無限地擴大自己才能證得。現在回想，感謝師父當年的慈悲，沒有嫌棄我這個初學佛法、只懂得膚淺理論的青年，問出如此脫離實際的哲學性問題。直到今天，經過多年的服務和體會，我才慢慢地理解當年師父給我的答案。佛法的修持並不是為了求得什麼，而是在戒定慧的歷練中改掉自己身上的習氣與執著；只有在服務大眾中吃苦、磨練，忍耐不平與挫折，才能逐漸體會到那個藏在各種情緒與煩惱背後的「自我」。「放下自我」與自己過去所追求的「無我」是完全不同的。追求虛幻的「無我」，不過是另一種形式的「自我」罷了。

得師剃度

二〇〇八年十二月，佛光山在西來寺舉行三壇大戒戒會。師父為我在西來寺五聖殿剃度，並賜法名慧東，內號心西。師父後來告訴我此名意涵，把東方的智慧在西方發揚光大。剃度的時候，我在心裡發願，生生世世追隨師父出家修行弘法利生。當年一起受戒的一百多位新戒弟子大多來自台灣佛光山的叢林學院，而來自美國的戒子寥寥無幾。我當時還是西來大學的學生，而且來自中國大陸的學生當時去台灣不易。不敢想像，如果不是師父當年讓一百多位的弟子到西來寺受戒出家，不知我是否會錯過這樣殊勝的因緣。出家如同生命重新開始，人因為業力的牽引，出生到自己父母的家庭；因為與佛法的因緣，皈投在佛陀座下。師父如同給予自己慧命的父母，開啟人生新的方向。

隨侍身旁

師父由於健康原因，無法坐長途飛機，二〇〇九年以後師父就沒有再來過美國了。我因為一直在西來寺服務，只有每次回到台灣佛光山，或者在大陸才得以隨侍師父身旁，聆聽師父的教誨。

二〇〇九年三月第二屆世界佛教論壇在無錫舉行，我們一眾弟子隨師父來到無錫。那時師父身體並不好，但是在論壇期間，有太多的各界人士想見師父。師父從早晨七點多就開始會客，中間幾乎沒有任何休息的時間。有時午飯吃到一半，還要起身接受記者採訪。師父年事已高，又有糖尿病，但他會客時沒有顯出一絲疲倦之色，而且對於每位客人都是和顏悅色，耐心地回答問題。一直到晚上十一點多，連我們這些青年弟子都覺得累了，師父還在與一些領導見面。第二天又一早就起來會客、開會。師父吃苦和忍耐的毅力，為法忘軀的精神，深深地感動了身邊的每一個人。

師父的桌子

每年回到佛光山，我都會到法堂來見師父。師父坐在法堂大長桌子一端的輪椅上，讓我坐在他的右側，問我在美國學習、弘法的情況。師父一生沒有個人的東西，這張桌子是陪伴師父最長時間的一件家具。師父在這張桌旁會客、開會、用餐、寫字、聽弟子報告、讀書。這張桌子很長，從房間的這一頭一直到另一頭，每一側都可以坐十餘來人。因此這張桌子也是法堂裡所有人共有的。它是我印象最為深刻的師父的物品。師父圓寂後，我再度來到法堂，看到這張桌子，彷彿見到了師父，聽到師父關懷的音聲，對師父的思念之情油然而生。

有時我去法堂早，就會看到師父在這張桌子上寫一筆字。由於患糖尿病多年，師父眼睛幾乎看不到了，只有模糊的影像。所以師父寫一筆字的時候，蕭師姑在旁邊幫忙研墨，書記室弟子準備紙張，並且用一個長尺，指出桌上紙張的位置，和大致要落筆在哪裡。師父雖然看不到清楚的影像，但是在弟子的協助下，把要寫的字和落筆的位置、大小瞭然於胸，然後一氣呵成完成每一張書法。寫字的時候，師父全神貫注，落筆如飛。有時長老慈惠法師、慈容法師或者前來看望師父的弟子、賓客也靜靜地在旁觀看師父寫字。師父的一筆字不僅氣勢磅礴、充滿神韻，寫字過程也極具藝術的美感，令人感動。每次都會寫很多張，寫好的一筆字，一字排開放在旁邊的地毯上，晾乾墨跡。有時會送一、兩幅給來訪的弟子或客人。師父身邊的書記說，師父每天都會寫一、二個小時，即使在生病的時候也堅持不懈。師父生活中的很多細節都是超人意志力的寫照。

佛光祖庭

師父把江蘇宜興大覺寺命名為佛光祖庭。師父早年在此出家，因此得名重建。師父晚年掛念佛法在大陸的發展，所以每年都來大陸很多次，並住在大覺寺，因此這裡是我比較多機會見到師父的地方，也是最令我難忘的地方。第一次在這裡見師父是二〇〇九年春天，師父在這裡舉辦大陸徒眾親屬會。他一生推動人間佛教，非常了解大眾內心的想法，並且知道如何撫平眾生內心的不平之處。我的父母就在這次親屬會第一次來到佛光山的道場，見到師父。那時我和幾位大陸的師兄都是剛出家不久，父母們的心裡難免都有些不捨之情。弟子們見到父母們的掛念，心裡也有些惴惴不安。師父非常懂得父母和家人的心情，一見面就稱呼他們「各位親家」。家人們本來心裡還有些憂傷，聽到這個稱呼，突然有些好奇。當聽到師父說大家都是「佛門親家」時，不僅沒有失去自己的子女，反而與幾千人結成親家，大家從此都是一家人時，心裡頓時放寬了不少。他們想像中的子女遁入空門、不捨人的想法，頓時被和樂融融的景象所替代，心情舒暢了不少。師父總是能用巧妙的方法把人們的心連在一起，把佛法和人間的生活融為一體。

晚上，師父與佛門親家們圍坐在桌旁說話。聽著師父慈和的話語，和著大覺寺中松濤竹海傳來的沙沙聲，大家原本的不捨之情也被這習習的夜風吹散，感到一種深山古剎中煩憂俱忘的恬靜。因為這次的經歷，之後每次來到宜興大覺寺見師父，最享受的時光就是晚餐後陪師父在一起的時光。有時師父在白塔外由弟子們推著輪椅散步，有時在大廳裡聽著弟子們唱《人間音緣》的歌曲。佛光山的道場不論在哪裡，都給人這種人間淨土的感覺。

師父永遠在身旁

師父雖然離開了我們，但是我覺得師父就在身旁。讀師父的書、看師父講話的錄影，遇到各種困難時想到師父過去種種的教導，感覺到師父就在身邊，鼓勵著我無所畏懼、勇往直前，心中也就充滿力量。我感謝師父開啟了我，在未來無盡的人生旅程中智慧的方向。人生從此不再是被業力所轉，而是與師父一樣，願力所成，充滿無限的智慧與可能。

「暖心」的師父

慧浩法師　佛光山南京天隆寺監寺

慧浩

我最尊敬的師父，心思總是很細膩，讓人感覺很溫暖，用現代語來說，他是個「暖心」的師父。

有一年隨師父到大陸遼寧瀋陽參加活動，行程間有一個空檔，師父就問主辦方：「這附近有什麼好玩的嗎？」對方回說：「有一個國家一級森林野生動物園。」「那我們去看看吧！」到了野生動物園，搭乘遊園巴士，一路上隨行的弟子們興高采烈，跟師父介紹園內的各種生態。「這裡有隻獅子！」「那裡來了隻大象，還有一隻野鹿！」當時師父其實早已因為糖尿病導致眼底鈣化，眼力已經看不清楚了，可他還是神采奕奕地和大夥一起四處觀看。原來師父自己不想看什麼動物，而是想製造機會讓徒弟們出來走走看看，因為師父知道如果他沒有出來，隨行弟子就不可能有因緣出遊。想到這裡，我已經熱淚盈眶了。平時的師父總是與時間賽跑、分秒必爭，現在竟然犧牲自己寶貴的時間、年邁的身軀，頂著炙烈的太陽，陪著一群小徒弟們逛動物園，師父那份溫暖的心意，讓我們在這次平凡的出遊中，有著刻骨銘心的感動。

在佛光山開山之初，經濟條件不是很好，為了辦教育培養人才，從來不做經懺佛事的師父就經常到殯儀館替人念經，到太平間替剛往生不久的人通宵念佛，這樣可以有多一些單嚫來補貼教育支出。清晨回寺後，師父怕吵到佛學院的執事和同學，他走路很輕聲，開關門很輕聲，盥洗時為了降低水聲，用一條毛巾包住水龍頭，讓水順著毛巾靜靜地流下來，這些都是他不忍動道人心的溫暖慈心。

師父罹患糖尿病之後，病情導致他手腳冰冷，會見客人時，他總是會讓侍者準備一條熱毛巾，侍者問：「師父！您冷了嗎？」「不冷！」原來大多數訪客一見面總會熱情地握著師父的手，寒暄問候，久久不放。如果握到一隻冰冷的手，恐怕相見歡的心情會打折扣，那就用熱毛巾先溫熱自己的雙手，好給人歡喜。

這就是我暖心的師父，心中總有著滿滿的眾生。師父這樣暖心的舉動，在他日常生活中隨處可見：不管是他身邊的常隨眾，或者初初拜訪的客人，都能在師父的舉手投足間，或領受那份自然流露出來的細膩和溫暖，深深打動每一個人。我想這就是佛、菩薩與凡夫之間的差異吧！佛菩薩心心念念都是為眾生、不捨眾生、護念眾生，而凡夫都是為自己、都是利益自己。師父就如同佛菩薩一樣，內心所想的都是能為別人做些什麼？即使他在病痛當中也從來沒有放過假。二〇一六年師父在高雄長庚醫院進行腦部手術，清除血塊，在腦水腫逐漸消退病情穩定，清醒第一句話就是跟護理人員說聲謝謝！那次手術之後，每當講習會或者有機會到法堂親近師父，他總是會問：「我還能為你做什麼嗎？」每聽一次，就淚流一次。我們忝為師父的弟子，每天想的都是「我想做什麼？」而不是「師父！我能為您做什麼？」這就是我們跟師父之間的差距。

師父清楚地看見這個差距，看見了我們可以進步的空間，他為我們創造很多因緣平台，讓我們做中學、學中做；從「做」當中養成「我來承擔」的熱情，從「做」當中發現自己不足之處，讓弟子成為一個有能力、有擔當的人。師父用十二字真言「苦苦苦、做做做、忍忍忍、等等等」來教導我們。「要在苦苦苦的作務中廣結人緣；在做做做中培養福慧；在忍忍忍中擴大心量；在等等等中靜候因緣。不怕苦、不怕做、不怕忍、不怕等，這十二字真言等於是成佛之道法門。」綜觀師父的一生，不管是「生於憂患」之時、還是「長於困難」之際，他都用這方法，他都能活出喜悅的一生。師父能做到，他相信徒弟們當然也能做到！於是，他把這方法像傳遞一盞明燈那樣傳給了我們，讓我們從「做中學、學中做」當中愈來愈進步，愈來愈縮短那個差距。

師父！謝謝您的「暖心」，不僅為我們製造出遊的機會，給我們在生活中示現溫暖的身教，更給我們在修行上指引出一條究竟解脫道，那是人間佛教的修行，源自於佛陀的本懷，從生活中去體證，不論在吃飯睡覺、走路說話，做任何事情當中，都合乎佛陀的教法，不離開人間。您曾說：「人，只是自己身上有暖氣還不夠，要把自己身上的暖流，分散給社會大眾。」「佛心就是暖心、慈心、善心；人有了佛心，自然就會散發暖意，溫暖人間，成為溫暖的人生！」原來「暖心」的師父就是「佛心」的師父啊！要我們直接在人間成為一尊佛，弟子願意今生盡形壽學習效仿您，來生來世我也願意繼續學習效仿您。您就像太陽般溫暖著我們，我也願意當別人生命中的太陽，無怨無悔地照耀溫暖別人，我發願要做您一流的弟子！

記得在二〇一三年「海內外徒眾講習會」中，師父公開了他最後的囑咐〈真誠的告白〉，當時的我們內心有很多疑惑。直至今年的二月五日，我們才恍然大悟，原來十年前那一封〈真誠的告白〉是暖心的師父給弟子們的心理準備啊！準備著有那麼一天，當人間的一盞明燈化作天上的一輪明月時，弟子們仍舊可以安守本分，以弘法為家務，以利生為事業。而這樣的心理準備，在三年疫情中已經得到了最好的演練。這段期間，弟子們回到山上，也沒有辦法近距離看到師父，大家都想要保護好師父。因此師父他老人家不知不覺間走入了我們的精神層面，不需要一定看見師父，師父卻早已經在每個人的心裡了。於是，每當遇到棘手的弘法、人事問題時，我們都會仔細思維：如果是師父他會怎麼做呢？我們也會在內心不斷複習著師父平時的教導：老二哲學、你對我錯、尊重包容、給人利用才有價值、有佛法就有辦法……這當中「有佛法就有辦法」是我複習最多、思維最多的一句。當我沒辦法的時候，那必然是我專注在世間法的好與不好、對與不對，沒有用佛法思維才會沒辦法。如果心中有慈悲、包容、忍耐、禪定、般若，像師父那樣，觀點必然能有所改變，認知也必然能有所提升，那就會有辦法了。謝謝師父的身教與言教，改變了我的人生，讓我在面對問題時能正確思考，而不是迷失在問題中，被問題綁住。雖然現在無法當面向師父請益，但是知道師父的身教與言教會一直指引我走向未來。

在圓寂大典中，何其有幸，我是抬著涅槃塔的八位侍者之一，有人問我當下的心情如何？我說：「只想著跟隨師父繼續走下去，此生、來生、未來都要跟隨！」不僅僅是色身的跟隨，更是理念上的跟隨，依循師父人間佛教的理念，以師志為己志，邁步向前。

乘願再來的菩薩

覺初法師　加拿大溫哥華佛光山住持

覺初

「師父圓寂了！」這是佛光弟子們最害怕會發生的。難怪師父在十年前發表的〈真誠的告白〉中說道：「我準備好了，你們準備好了嗎？」師父啊！弟子真的好害怕這一刻的到來。當傳燈會通知帶著七衣盡快回本山時，徹夜難眠，甚至妄想還能見到師父最後一面。

二月七日抵達本山，看到每天都有幾千人從各地前來追悼師父，馬上投入讚頌會的事務籌備中。在二月十三日的讚頌會，非常感佩在宗長心保和尚及長老的引導下，全山大眾集體創作，完成了師父上人的圓寂追思讚頌、荼毘、奉安，三項空前未見的典禮儀式，在面對數萬海會雲來集的人眾，整個流程順暢圓滿，讓與會大眾感動，儘管如此，大眾對您的捨報離去，有深深地不捨。

師父捨報已半年了，感傷不捨師父圓寂的事實，但也見證了師父遺留在世間的種種智慧和遠見。師父所作的佛光四句偈：「慈悲喜捨遍法界，惜福結緣利人天，禪淨戒行平等忍，慚愧感恩大願心。」佛光人在每天誦經回向時唱頌著，在每天三餐稱念著。師父正是以此圓滿了此生，也為我們指出一條修行的光明大道。

尚未學佛前，偶爾在電視上看到的星雲大師，是一位講經說道的大法師；剛學佛時，台下聽講的我，遙望台上的大師，台上台下有著距離感，星雲大師是位高高在上的大和尚！

直到一九九〇年參加本山舉行的短期出家修道會，有一堂在麻竹園和師父接心的課程，台下的戒子們可以近距離接近大師。師父說他早年幫忙編《人生》雜誌，冒著風雨送編印好的雜誌上山，下山時拖著飢餓的身子，當下發願將來蓋間寺院讓來寺院的人都有飯吃，後來才有普門寺的建立。當時台上「要人都有飯可吃」這句話，觸動了我的心靈，這時再仰望師父，他已不是高不可攀的大和尚了，是慈悲和藹的長輩，開啟了我積極學佛的菩提根苗。

學佛之後，下班就到普門寺參加青年會活動、做義工。師父到各地佛學講座時，我們佛青先表演一段敦煌舞、準提咒舞，或做知賓服務義工。這時的我已不是坐在台下、事不關己的我了，我也可以在師父弘法時上台做先鋒。普門寺的各類活動就如同家務事，從不缺席落過。深感師父的弘法方式有別當時其他教界的大德法師，師父講經說法很契入人心，令人心生歡喜且很受用。這時的星雲大師在我心目中，是位受人尊崇的偉大師父。

在一九九〇年參與籌備成立國際佛光會的義工。一九九一年二月三日，中華佛光協會正式在台北國父紀念館召開成立大會。從參與義工的工作中，了解到師父成立佛光會的宗旨目標，是要讓僧信二眾共同來弘揚佛法的理念，深深觸動為自己的信仰奉獻的心。因為對佛法的義理不甚明白，於是決定去讀佛學院。一九九二年五月十六日，在十方因緣成就下，「國際佛光會世界總會」順利在美國洛杉磯音樂中心舉行成立大會，我因為在佛學院胃出血回家休養，恰巧在佛光會做義工的因緣，就進入中華總會服務。在佛光會領職期間，看到師父帶領著秘書長慈容法師不畏舟車勞頓，前往世界各地成立佛光會，短短幾年間佛光會在世界各地如雨後春筍般地成立了。我也隨著輔導法師們，前往各地舉辦幹部講習會及如何成立佛光會的說明會，每個人都卯足全力，要讓有太陽的地方就有佛光會，有流水的地方就有佛光人，成就佛光會「佛光普照三千界，法水長流五大洲」的國際化，要讓佛教的發展寫下新的里程碑。

一九九五年二月十日台北道場開鎖啟用典禮中，時任監察院院長的陳履安先生致詞中說：「大師的手中如同握有仙女棒，可以點石成金、心想事成。」從師父的一生印證「願不虛發、有願必成」的事蹟。

在一九九七年從洛杉磯世界總會回到台灣開會，到台北道場向師父問安。師父提到有仁波切要送一顆佛牙舍利給他，因為保有這顆佛牙舍利的仁波切，有感於自己年歲已高，要將這佛牙舍利交託給合適的人。師父創立了「中華漢藏文化協會」，又舉辦「世界顯密佛學會議」，一直努力促進顯密融和，推動南傳、北傳、藏傳佛教文化的交流，所以要將這佛牙舍利送給師父。一九九八年世界理事會在泰國舉行，我從美國前往協助理事會的籌備工作。會後，師父告訴我們將在四月恭迎佛牙舍利到台灣，而這殊勝的恭迎佛牙之舉，不但要組團包機前去迎請，還要有政界、教界、學界等代表一起參加迎請。究竟要使用哪家航空公司的飛機呢？大家紛紛提出各大航空公司的飛機，唯獨沒敢提到中華航空，因為華航剛在當年二月十六日發生重大空難，乘客及機組人員共一百九十六人全數罹難，加上地面六人死亡，共計有二百零二人罹難的「大園空難」。師父卻說：「我們應該要包華航的飛機，他們發生這麼大的空難事件，全公司上下工作人員士氣低弱，各個信心不足。如果沒有激發士氣幫他們的員工恢復信心，這公司恐怕難以繼續營運下去啊！」大家聽了都被師父不忍眾生苦的悲憫心感動不已。在四月六日，恭迎佛牙舍利團一百六十三人，加上媒體記者六十人，搭乘華航專機CI695前往泰國曼谷恭迎佛牙舍利。四月九日從泰國安抵了桃園中正機場。每當憶起這段往事，深深感受到由於師父悲智雙運的菩薩行，方能成就今日佛陀紀念館興建因緣，成為全世界人類的精神堡壘。

從一九九〇年在師父的精神感召下，在佛光會養成人間佛教的信念，到了一九九九年，不禁自問：「我還能為佛光會做些什麼？」這十年的光陰中，師父幾次提點自己該要出家了！師父已為當今佛教開創出弘法的新方向，明師難遇啊！一九九九年七月十七日西來寺舉行「世界檀講師講習會」中，我歡喜地依止星雲大師披剃出家了！

出家後於九月三日跟隨「佛光山梵唄讚頌團」，在師父的帶領下巡迴歐洲十國，展開近一個月的音樂弘法。到瑞典演出結束，即將前往德國時，得知台灣發生了九二一大地震，抵達德國柏林道場師父即刻成立救災指揮中心，動員所有的佛光人，投入大量的人力物力，協助災民走出地震的陰霾。十月二十日更是在佛光山召開「國際佛光會世界臨時會議」，針對九二一賑災提出工作報告與檢討，研商急難救助辦法。甫出家的我，一路上看到師父刻不容緩地投入救災工作，關心災民及罹難者家屬的心境，讓法師去各地關懷安慰，舉行「九二一震災聯合公祭祈福驅驚生亡兩利大法會」。師父救苦救難捨我其誰的精神是佛菩薩憫念眾生的襟懷。

思念師父，追憶與師父的點滴因緣，感恩師父的恩德，造就弟子身披三事雲衣，擔當如來家業，發揮潛能，創造生命的意義和價值。師父的言教與身教是弟子弘法利生的泉源，弟子定會承繼您的思想理念，延續您的慈悲願心，繼續為世間點亮明燈。發願做師父的千百億化身，把歡喜布滿人間，把光明照亮世間，讓佛光永普照，法水永長流，慧燈永不熄滅。弟子發如是願！

一生行佛的動力

覺禹法師
佛光山圓福寺住持

覺禹

從親近師父開始，從來沒有想過有一天會面對師父的圓寂。在師父圓寂之後，過去受到師父教誨的場景歷歷在目，師父的開示迴盪耳邊。師父一生，留下很多的言教與身教，珍貴的是所有的言教身教都是師父的生命歷程，都是師父一生真正奉行的體會。

相信師父

「相信我，我對你的了解，遠勝過你對自己的了解。」

這句話來自於多年前，師父上人鼓勵弟子到別分院歷練時的開示。

當時我很抗拒到別分院，總覺得自己不適合道場，不會募款、不善與人互動。為了改變師父的決定，找了種種的理由藉口來推託。師父為我做了很多的分析，尤其講到我的個性如何適合別分院，他最後語重心長地說：「相信我，我對你的了解遠勝於你對自己的了解。」

帶著忐忑不安與抗拒的心情到了別分院，經過時間的沉澱與學習，應證了師父對我的鼓勵與勸勉，從中找到信心與歡喜，也生起更多使命感與願力。

二〇〇二年夏天，師父帶著佛光大學、南華大學應屆研究部畢業，以及正在大陸各大學攻讀博士學位的弟子約五十人，前往日本本栖寺，舉行了將近一個月的徒眾講習會。這樣的組合，看得出師父對弟子們的殷切期待。

講習會期間，師父不厭其煩地與畢業的弟子們談未來，耐心聽每一位弟子滔滔不絕地談著自己的雄心壯志，不切實際也好，好高騖遠也罷，師父總是耐煩地聆聽。師父心中早已為每位弟子把脈，規畫出最適合的學習方向，以及適才適性的服務單位。但弟子們總是討價還價，我當時也無法做到完全依教奉行，不斷試圖說服師父滿我的願，師父都沒有生氣，希望我們心開意解。

之後回想起這一段，只記得師父對弟子的慈悲與包容，對自己的傲慢與無禮，深深感到慚愧懺悔。

在〈真誠的告白〉中，師父有一段叮嚀：「今後，我所掛念的是徒眾的調職，佛光山它不是政府，但是單位多，又有調職制度，傳燈會竭盡所能安排適能適任，對於個人所長、想法縱有所差，大家都要忍耐。世間難以論平等，我們要把它創造成和平、美滿的人生，但也要看在哪個角度來論平等。未來如有不同意見，大家要依循《佛光山清規》，可以更改，但要經過大眾的同意。」

徒眾的領職、調職成了師父對我們的掛念之一。萬事萬物都無法摸得人心一樣平，既然要修行，就從接受常住的調派開始吧！佛光山的徒眾享有佛教兩千多年來，唯一有輪調制度的福利，這是因為師父在人事管理的睿智，以及對弟子的關愛。

老二哲學

帶著師父以及常住給予學習成長的機會，到了別分院服務，真切感受到眾緣和合的重要。道場除了每天固定的柴米油鹽醬醋茶之外，信徒的關懷、各界的往來等等事項，都是弘法利生的契機，其中與政府的往來互動，更是重要的因緣。

師父的身教，讓我們看到人間佛教的人間性，「出家人應該有相關的常識和能力。尤其面對政府各階層人員，他是主管教育的，你就要能與他談教育，何況佛教本身就是一種教育呢？他是主管財務的，雖然你認為佛教寺廟應該免稅，但是你也要能對他講出應該免稅的道理；他是主管工程的，你要能和他談工程；他是建築師，你要能和他談建築。」師父面對各國政要，總是藉由以禮相待，以及親切地問候，來傳遞佛法的慈悲，以淺顯易懂的對談，讓對方領略佛法的智慧。

師父在《往事百語》一書中，闡述〈老二哲學〉說：「我們如果想要展現成功的人生，必得先從『老二』做起，不強出頭，隨緣隨分。如果能在服務奉獻當中成就他人，在努力工作中實現自我，那麼不管現在或將來是否能當上別人的『老大』，至少你已經做了自己的主人。」當年親近師父的啟蒙書之一，就是〈老二哲學〉，老二不是畏縮、不是認輸、不是退場。老二從不覺得委屈，老二是隨緣隨分地積極向上，創造機會之餘，等待因緣的成熟。

與公部門的互動，隨時謹記師父的叮嚀「你大我小」，心中常思「常住第

一、自己第二。大眾第一、自己第二。事業第一、自己第二。佛教第一、自己第二。」在非佛不作，唯法所依的原則下，只要能將人間佛教推廣出去，獲得社會大眾的認同，自己的委屈都不算什麼。所以多年來，與各界的互動往來，多是以服務對方、成就對方為最高原則。一切的榮耀歸於對方，而一切的功德利益才能歸於佛教。

虛懷若谷

二〇一九年南華大學新學年度的教職員工共識營，回佛光山舉行，創辦人暨董事長的師父特別與大家接心開示，這也是南華大學的同仁最後一次面對面聆聽星雲大師的開示，之後因為疫情，大師不再適合出現於大眾集會的場合。師父對大家說：「非常歡喜南華教師回家，也感謝林聰明校長帶領教職員們用心辦學，讓學校短短時間內翻轉成長。」師父自謙沒有上過學，謝謝各位老師給予的幫忙，並且特別安排弟子以歌聲祝福各位同仁，唱頌〈觀音發願文〉、〈佛教青年的歌聲〉及〈雲湖之歌〉。

當天稍晚，我去到師父的法堂，謝謝師父為南華大學的大家開示祝福，師父第一句話就問：「對南華開示有用嗎？對他們有幫助嗎？不要浪費他們的時間。」第二天再去法堂向師父請安，師父又問：「昨天的開示有什麼回饋嗎？」

一代宗師，總是心繫眾生，又是那麼地謙卑。師父不知道眾生只要能夠看到他，就會升起信心，就會心開意解，就會破涕為笑，就會幸福安樂。

一代高僧，總是給人信心、歡喜、希望、方便。師父不知道眾生只要他的一句法語滋潤，就能從無明黑暗中走向光明，就能夠從絕望的低谷爬出，就能夠讓眾生找到那一顆初心，堅持下去。

當年佛陀上升忉利天為母摩耶夫人說法三個月，準備返回人間，須菩提尊者沒有如其他弟子爭先恐後地前往迎接，而是在耆闍崛山的石窟中觀察諸法空性，以見法見性來迎接佛陀。

師父上人圓寂之後，很多人都在祈求師父上人趕緊乘願再回來。我也想念師父，但在想念之餘，也常問自己，未來當師父再回來的時候，我要跟師父報告些什麼？我要呈現出什麼成果給師父？笨拙的弟子，只有默默地發願，守護師父辦學的願心，難行能行。生生世世跟隨師父上人的腳步，奉行人間佛教的理念，完成師父「平安幸福照五洲」的心願。

淚眼婆娑憶師恩

覺元法師

佛光山桃園講堂住持

透過《星雲大師的身教與言教》出版後，信眾們能一窺佛光山開山祖師對弟子們「法傳心要」的點滴，更企盼能從不斷地閱讀中，在字裡行間感受師徒間那份「高情遠意」的深厚法愛。因此鼓起最大的勇氣提筆撰寫，記錄師父對我一生點點滴滴的指導與影響，「淚眼婆娑憶師恩，娓娓道來述當年」，緬懷我一生中最敬重的師父——開山祖師星雲大師。

師父教會我，如何勇敢

在師父一路的指導下，完成了南台別院的建設與兩萬人的開光落成後，二〇〇八年秉著佛光弟子「任常住安排」的理念，隨即被調派到台北。甫到台北道場，在規畫各樓層的空間設計之際，赫然發現四樓的天花板被五樓某診所穿梁洗洞、剪斷鋼筋，布滿其洗腎的管線，且此施作工程已長達二十餘年。驚恐之餘，旋即委任專業結構技師進行現場勘查、評估，得到的駭人結果是，倘若九二一大地震的強度發生在台北，那麼這一棟大樓將攔腰倒塌。

聽到如此天崩地裂的消息，我一陣天旋地轉，實在不敢再想下去。

因為事關重大，只好向師父報告，由於大樓涉及公安問題，幾經協調，對方強勢表達不願意移走管線進行結構的補強。在莫可奈何之下，佛光山只好走入法律訴訟，以取得最後的解決。就在存證信函寄發的隔天，對方竟找來一些道上弟兄來台北道場鬧場、砸東西，我作夢也想不到出家後，必須遇到這種可怕的事。當時，我忍著極度恐懼的心情，以顫抖的手進行現場錄影存證，此舉也嚇跑了這些弟兄。

回到辦公室仍按捺不住驚恐心悸，雙腳不自主地發抖。我趕緊撥打電話向師父求救，表達如果再訴訟下去，惹怒了對方，我可能會被他們暗中追殺、砍死，接下來應該怎麼辦才好？師父在電話的另一端，非常冷靜地聽著我激動的言詞，並任由我排山倒海般地發洩情緒。直到情緒稍緩時，師父說：「覺元，你說完了嗎？」我回：「說完了，師父啊！我們還要再繼續訴訟下去嗎？」

師父以嚴肅的語氣說道：「覺元，你聽好！你來出家，難道沒有『千鍾百鍊』的準備，沒有『烈火焚燒』的勇敢，沒有『粉身碎骨』的犧牲，你如何留得清白在人間？你要勇敢，你要勇敢，你要勇敢。」當下，我整個心被震懾住，頓時情緒也安定下來。心想，是啊！最多就是粉身碎骨而已。從此，我告訴自己：覺元，就把「千錘百鍊、烈火焚燒、粉身碎骨」，當作你生生世世修道的座右銘吧！

經過一年的訴訟，最後判決佛光山勝訴。管線順利移除之後，由佛光山自行做結構補強，並敦請專業結構技師再做檢測，以保安全無虞。等到一切相關事宜完善圓滿，我立即回總本山向師父報告結果，不禁心有所感：仰仗師父的威德感召，在訴訟的過程中，幸逢已退休的檢察官、最高法院的庭長等，以專業的法律知識協助我們，最後各個也成為虔誠的佛教徒，成為佛光山的功德主。師父語重心長地慈訓我：「覺元，哪怕是為了一個眾生的得度因緣未了，修道人必須受一些苦難、一點障礙，你都要認為這一切都是想當然爾，都是值得的。」經過此事，我覺得自己的心力似乎更增強了。師父！感謝您教會我，「如何勇敢」。

師父教我「貼近人心」的人間佛教

二〇〇一年常住派我到台南，首要任務是在台南尋覓土地，目標為一千坪。我從完全懵懂無知，到經歷覓地，乃至透過法拍的第三拍取得土地，其中過程的心驚動魄，實非筆墨所能形容，承蒙三寶護佑，師父的威德庇蔭，才能一一圓滿。之後，師父告訴我：「取得土地後，下一個任務就是負責建寺。」又是一陣的天旋地轉。三十二歲的我，根本不懂什麼是建築，更遑論「建寺」如此艱鉅的使命。一路走來，慈悲的師父大手牽小手般地引導著我，我則亦步亦趨地緊緊追隨，邊做邊學，直至完成南台別院的建設。

有一天，師父來巡視工程時，指著現在南台別院正前方偌大的樓梯，正色嚴詞地對我言：「覺元，這座樓梯你不用管，也無須你來負責，因為你目前沒有資格設計樓梯。」當時，我心裡嘀咕著：「為什麼全部的工程，就只有樓梯不用我負責？而且坡長、梯高、梯面都有建築法規可依循啊！怎麼，我就沒資格設計了？」因為師父的威德與叢林的教育，令我當下也不敢回嘴。

師父轉身對我說：「覺元，你的內心不要有聲音啊！」我真是嚇壞了，師父竟然能聽到我心中的音聲。我趕緊合掌，至誠地懇請師父指導！

師父隨即說道：「覺元，你太年輕了！你要像我這樣七十多歲的年齡，才能明白老人家爬樓梯是有多麼地舉步維艱、寸步難行。因此，如何讓老人家走樓梯如履平地。梯高、梯面尺寸該多少？全在我的方寸之間。」

我受教的當時，感動到淚流滿面不能自已，不禁心中吶喊著：「師父啊！您真是實踐了《心經》所云『觀自在菩薩行深般若波羅密多時』的聖者。」師父如觀音的慈悲，二六時中心繫著眾生的需求。然而，慈悲如果沒有般若內涵，又何能明白梯高、梯面該為多少，才是符合普羅大眾的需要。

師父的悲智雙運，讓我真真切切地領略、印證「什麼是『貼近人心』的人間佛教」。含淚叩謝師父演繹出一段難遭難遇的「西來意」，如今每一思及猶感彌足珍貴！

暨宗教學、佛教學
流

師父指導我「化緣要化心」

透過一字一字地撰寫，回憶著師父對我點點滴滴的教誨，我深知這份法乳深恩，今生此世已難回報，幾度因熱淚盈眶而無法成章。然捫心自問，我作為星雲大師的弟子法眷，豈能如此自私？是應該懷抱著「獨法樂不如眾法樂」的胸懷，共享這份正法滋味以長養佛弟子的法身慧命。

回顧當年建設南台別院期間，對我而言最難克服的障礙，就是募款、化緣。雖知興建道場亟需十方大眾的善款資助，但我實在是說不出口。於是乎，我又向師父求救了。師父微笑著告訴我：「覺元啊！化緣要化心。」駑鈍的我，請問師父：「我如何能知道對方的心，想著什麼？化心，實在太難了。」

師父繼續指導：「覺元！我送給你六字箴言，就是『不募款，給佛法』，你要明白『有佛法，就有辦法』。」此話一出，真是如雷貫耳，喚醒沉睡惛懵的我，原來關鍵的重點在於「給佛法」。

如獲至寶的我，即刻依照著師父的引導去落實、奉行。於是，回到台南之後，我誠懇地拜託各道場負責的法師，每週能安排一次前去教授經典課程的機會，希望透過不斷地「給佛法」，以增上殊勝的法緣。

經過數年的佛法結緣，所播下的菩提佛種也逐漸成熟了。期間，信眾們紛紛在南台別院建設的過程中，主動發心宣揚建寺的種種殊勝難得。當中，大殿玉佛背後五千餘字的金剛經燈牆，絕大部分是由參與《金剛經》上課的同學來捐助支持，以表達至上的「法供養」。

此外，研讀《法華經》課程的同學因聞法受教於〈方便品〉中所云：「若人為佛故，建立諸形像，刻雕成眾相，皆已成佛道。或以七寶成，鍮鉐赤白銅、白鑞及鉛錫，鐵木及與泥，或以膠漆布，嚴飾作佛像，如是諸人等，皆已成佛道。」這份溢於言表的法喜之情，令受持、讀誦、研究《法華經》的同參們，各個齊心積極地行動，虔誠懇切地跪在佛前一起發願來護持，勸募南台別院外牆六百尊的大小佛像。

諸如此類的感動事蹟，不勝枚舉，是我出家以來，首度感受到「法力的不可思議」；讓我更深入地明白，原來以「法緣」化「佛心」是如此地清淨、無染、歡喜、善慧，妙不可言。偉哉！吾師的高風亮節、如來睿智，著實令人由衷感佩。在此，叩謝師父總是以「正知見」引領著我，凡事「永遠回到『法』上」去思維、用心與精進。

我也可以為你忙

覺心法師

歐洲瑞典佛光山住持

覺

115

有一年夏天我無意間走到福山寺，遠遠看到有位和尚在跑香，他很親切地跟一位素未謀面的青年寒暄，還用台語問我：「呷飽沒？」當下我心想：這位慈悲的和尚太厲害了，怎麼知道我一路爬上山坡又餓又渴，還主動請依日法師帶我去吃飯喝茶。這一句「呷飽沒」，感動了懵懵懂懂的我，這次偶遇師父的法緣，種下了我與佛光山的因緣，和尚還送了一本《釋迦牟尼佛傳》給我，我才恍然大悟原來這一位平易近人的和尚，就是佛光山開山宗長：星雲師父。

第二年在普門寺我再度近距離遇到師父，師父竟然叫出我的名字，當下我真是又驚又喜。師父問我：「看完《釋迦牟尼佛傳》了嗎？」我說：「看完了。」師父又說，還可以再送書給我。我當下很白目地回應：「師父您這麼忙，不用了。」師父回我：「我也可以為你而忙！」這句話讓我心中激動久久無法言語，師父高大莊嚴威儀三千，令我肅然起敬，我不敢抬頭仰望他，感覺他像佛陀一樣，對世間萬法都能了然於心。

那年夏天我去了佛光山叢林佛學院讀書，師父當時才六十幾歲，師父的威德留在我心中，永遠揮之不去，讓我受益無窮。那年除夕夜是我在佛光山度過的第一個春節圍爐，師父每天都有忙不完的事，但他仍親自帶我們這些學生滿心歡喜地布置，從朝山會館前面單墀，排起長長的長條桌，一路延伸到菩提二路。師父還親自捲起衣袖在朝山會館準備食材，親自炒麵供養僧信二眾，那怕是忙了一天，汗流浹背，不知炒了多少鍋，那一盤盤色香味俱全的熱麵，師父顧不得勞累，又馬上穿起長衫，跟大眾一起度過充滿佛教氣氛的中國年，這一幕讓我們看到師父以眾為我的精神。

最令我感動的是當時師父的開示：他一生除了做和尚，最喜歡就是做廚師，他認為煮菜給大眾吃最能表達供養心，因此師父自我期許，也勉勵大家欲做佛門龍象，要先做眾生馬牛。

度過歡喜的除夕夜後，師父親自率領佛光山僧信二眾，在不二門歡送信徒，對每一位從他面前走過的人、開車經過的信徒，總是一直揮著手。

我難以忘懷那一幕感人畫面，信徒下山了，走了很遠了，看到師父仍然還在揮手致意。在他心中眾生一律平等，沒有人我之分，在師父帶領下佛光山處處可見溫馨的道情法愛。

後來我調派到香港佛香講堂，有一次師父到香港紅勘體育館演講，我看到桌面上留有一碗熱呼呼的「皇帝豆麵」，當下我真是開心極了，心想這應該是師父「吃剩下的麵」，如果能夠吃到一代高僧所吃剩下的麵也很幸福，也會增長智慧！於是乎我呼嚕呼嚕一下子全吃光了，不亦快哉！這碗看似簡單的佛光麵，卻有著無比香濃的好滋味，讓人懷念。接下來，第二天、第三天，師父出門去紅館演講時，桌上仍然留有一碗熱呼呼的麵，我心裡覺得納悶，後來從蕭碧霞師姑那兒，才知道那碗麵是師父特別交代她多煮的，多留一碗給我吃的。師父知道我剛出家，又是沉默的性格，可能不敢跟他坐在一起吃飯，所以特別交代蕭師姑多煮一碗麵，在他離開屋子時擺在餐桌上，這樣我一個人才能吃得痛快，吃得自在。聽到師姑這麼說，當下我感動得潸然淚下，感受到師父那顆體察人意、恆順眾生的慈悲心。我從師父行誼當中看到，他自己有一分，就會給人二分；自己有二分，就會給人三分，永遠都是給人，在「給」的佛法實踐中，結了諸多善緣，給出一座佛光山來。

慈悲喜捨

一碗麵這麼小的事，師父都會時時想到他人的需要，時時顧慮到他人的感受，給別人一些好因緣、善因緣，這一碗麵已經不是一碗麵，而是一碗滿滿的歡喜與感動，是一碗心中包容他人的心，是以人為本，以眾為我的修行。大師用這一碗麵的無言身教來說法，可見師父對徒弟的關懷與照顧，師徒之間深厚的道情法愛，不僅在於他的明理嚴教，也在他那恢宏的器度與開闊的胸襟中，展現無遺。

有次我收到日內瓦Du Rhône巧克力公司的新年禮物，這家超過一世紀歷史以上的公司，他們堅持每天用新鮮材料製作巧克力，其奮鬥歷史、創業精神和傳承，無不抱持給人歡喜的理念，跟師父在推廣人間佛教那種堅毅不拔的精神是一樣的，我便將Du Rhône認真、敬業的精神，跟師父上人分享。幾天後我收到師父，遠從台灣寄給我一箱蓮花茶及台灣北港花生糖，回饋我的分享。當時我以為自己在作夢，心想師父每天為了弘法度眾，忙碌的生活中怎麼可能會想到這個徒弟，這就是師父了不起的地方，徒弟在他眼裡無分高低，師父對待一切眾生都心存感恩之心，對待眾生都一律平等。

來自佛光山的這箱食物，不只是一箱食物的關懷而已，這裡面還藏有師父上人時時都在「給」芸芸大眾的關愛，讓人受益，讓人歡喜，不管對象是誰，眼裡永遠都有芸芸眾生。

不捨任何一弟子

我在佛光山出家的歲月中，曾有次無明煩惱障蔽我修道之路，感恩因為有師父慈悲的教導，得以讓我翻轉生命。

二〇〇四年師父生平第一次踏上葡萄牙的國土，那年師父的第一本葡萄牙文著作《迷悟之間》出版，在當地舉行佛學講座、新書發表，當天湧進了四百多位聽眾，有一半是葡國本土人士。葡萄牙國家電視台、廣播電台、新聞媒體等，有感於師父弘揚人間佛教的貢獻，所以爭相來採訪師父，師父將佛法普照到整個南歐伊比利半島上，大眾們莫不皆大歡喜。

那天師父一下飛機，看到道場空間不足以應付未來的發展，在跑香時指示我，未來如果有因緣，要將路口那塊空地買下來建寺，讓信眾有個共修安心之處。面對突如其來的任務，我很是惶恐，欠缺未來觀及遠見的我，沒有考慮到師父的用心，不懂事地直接找了很多道理拒絕反駁師父。那天我回應師父的話，可說是無視於他人，何況他是我的師父，當時師父一句話都沒有說。後來幾天，我感受到，師父對我的默擯之，因此我傲慢心逐漸表現出來，覺得自己很努力在工作，渴望被師父讚歎、肯定、鼓勵、讚賞的貪念，盤纏在心中，像是一條繩索，束縛我的身心，不得自在。當時心情極為低落沮喪，這一切只因為師父沒有看到我，所以我度日如年，心裡被無明的烏雲覆蓋。

後來，師父要離開葡萄牙時，在機場把我叫到一邊去，告訴我，我是他的徒弟，但他無法時時跟在我身邊教導我。師父說，他很對不起我，所以他在每一個當下都迫不及待想要叮嚀我、想要囑咐我、想要教育我、想要督促我，讓我成為最優秀的自己。但我如果不能接受他的教育，未來弘法的日子也就不能以大眾利益為考量。因為我是他的弟子，所以他也在考驗我是否可承受棒喝教育，做一個堪受佛法的佛光人。

當下聽了師父的一番教導，我深感慚愧，原來我資質駑鈍，像匹執迷不悟的劣馬，主人以鞭繩打在我身上，我還不能驚醒，還在慢吞吞地行走，還在無明中自我陶醉。

從師父充滿智慧的身教與言教中，我痛徹心扉，深深感到慚愧，看到師父心心念念都繫念在弟子們的法身上，不捨任何一個眾生、不捨任何一弟子。作為師父的弟子，我沒有他的努力，沒有他的精進，他從來不固執自己的看法，都是看到別人的需要。

「莫嫌佛門茶飯淡，僧情不比俗情濃」，師父對於愛護弟子的心，如〈普門品〉中「應以何身得度者，即現何身而為說法」，充滿方便智慧。從師父心中有大眾的言教與身教中，我願努力做一個堪受佛法的佛光人。師父您讓我這一生做了一個最有智慧的決定，選擇在佛光山出家，您也是我生命中唯一的師父。

此岸、彼岸

妙祥法師

佛光山歐洲教區副總住持

倫敦佛光山菩提園尋根之旅
LONDON

人生有許多機緣是不可思議的，需要承擔、把握與珍惜。而最大的福報善緣，應是能值遇從「此岸」到「彼岸」的因緣，體解從「迷」到「悟」、從「漂泊」到「靠岸」、從「入世」到「出世」、從「個人」到「大眾」、從「有」到「空」、從「獨樂」到「眾樂」、從「世俗樂」到「法樂」、從「苦」到「樂」、從「煩惱」到「菩提」。

我的師父——佛光山開山星雲大師，在《成就的祕訣：金剛經》中提到：「波羅蜜」，意思是「度」，從此岸度到彼岸。回想今生，如果沒有遇到師父上人，我應該還在此岸遊蕩或在苦海沉淪，師父如一位領航人，駕駛一艘大法船，引領眾生航向光明，而他本人卻不急於靠岸，沿途廣度有情。如今師父上人圓寂了，領航人的責任，傳承給船上的佛光眾菩薩，法船將持續航行直到彼岸。

從此岸引渡到彼岸的信物

第一次見到師父上人，是去聆聽他在高雄中正紀念堂（即今高雄市文化中心）的《金剛經》講座。剛開始學佛，台灣佛學講座風氣盛行，我跟同學趕場似地到處去聽講，當時聽不懂師父的揚州口音，只能從台語翻譯慈惠法師的言語中了解佛法大義。

不可思議的是，聽了那麼多的大德佛學講座後，不知道為什麼，最終選擇去禮拜一位聽不懂他口音的法師作為皈依師父。學佛多年後才體會到，佛法不僅是靠語言講出來，更重要的，要與法相應。

再次聽到師父的大型演講，是在香港紅磡體育館。當時，我被公司派到海外據點的香港。因為已經皈依，作為師父的在家弟子，除了每週六固定到佛光山佛香講堂參加共修之外，聽聞師父要到香港做大型弘講，感到機會難得不容錯過。皈依後會固定到高雄普賢寺參加共修，法師們播放師父的開示，漸漸熟悉師父的揚州口音，在香港是用廣東話翻譯，我逐漸感受到翻譯的重要，為了要讓當地人能接受佛法，「聽得懂」是非常重要的因素，埋下我未來要用外語弘法的因緣。

一九九二年，面對邁入三十歲的人生，決定自我放逐一年，我選擇到一個下雪的國度——德國過冬。那年佛光山開始發展海外道場，我從德國、法國、英國、美國等地道場，看到佛光山的法師們跟隨師父，篳路藍縷在全球開山建設，心中升起慕道之心，立下在佛門發心服務的心願。

隨著善緣的延續，我進入佛光山叢林學院學習，進一步接受師父承擔、衛教的震撼教育。就讀佛學院期間，我決定受菩薩戒，在正授典禮的最後，跪送得戒和尚時，師父走過我身邊的一剎那，心中升起：「師父年紀大了，如果有一天，我想出家而師父不在了，我怎麼辦？」

想起師父對青年種種的愛護，每次出國弘法回來，都會帶回各種禮物送給佛學院的學生，我接到的禮物竟是接引手吊飾及缽，那是師父把我從此岸引渡到彼岸的信物，我應該承擔如來家業，於是發心出家。

佛學院在新學年正式上課前，舉辦「佛光山叢林學院各級學部聯合講習會」，是我受到師父無邊願力震撼的開始。從師父講述〈佛教的前途在哪裡〉的四講中，師父為人間佛教規畫的藍圖令人感到非常地不可思議：「佛教要辦電視台、報紙、大學？」師父的這些「夢想」也太大了吧！

台北市政府違背承諾，要撤除原本立在大安森林公園內，由藝術家楊英風先生創作的觀音菩薩像，佛教徒憤而發起「觀音不要走」運動。感於師父的護教精神，數萬名信徒北上請願，數百輛遊覽車，癱瘓正處於交通黑暗期的台北市。我既害怕又擔心，心中有許多的嘀咕：「佛教不是最『平和』的嗎？」最後在師父的協助溝通下，事件和平落幕，這尊觀音菩薩像以公共藝術作品永遠保留在公園內。

師父以半世紀的願力醞釀，讓佛教辦電視台、大學、報紙等種種事業都落實了，師父護法衛教的勇氣，成為所有佛光弟子的典範。深刻感受到如獅子吼一般地捍衛佛教，是佛弟子責無旁貸的使命。

由於慈濟的內湖事件，佛教的財富引發政府、社會人士的質疑撻伐，師父再度以《貧僧有話要說》、《我不是呷教的和尚》等著作，明確表達佛教的立場，再度讓出家多年、心性膽小的我直冒冷汗。尤其，師父文中坦然公開帳目，簡直讓大家跌破眼鏡。但經細讀內文，支出的清單，包括興辦大學、中小學、幼兒園、佛學院、圖書館、報紙、電視台、編輯出版《大藏經》、《美術圖典》、濟貧救災、監獄贈書等等，才發現每一筆淨財的使用，都是「十方來，十方去，共成十方事；萬人施，萬人捨，共結萬人緣」，點滴回歸社會的菩薩行。

出家人沒有退縮的權利

師父對弟子的教育，經常像禪門宗師一樣，或點撥、或直指人心，讓弟子們措手不及，卻又頂戴奉行的強心激將法。二〇一三年九月，海內外的徒眾講習會，大家依往例齊聚師父座前，享受著僧團的和樂融融，不料，師父叫侍者唸讀他的〈真誠的告白——我最後的囑咐〉一文，現場的大眾突然意會到師父要說什麼，哽咽聲四起，傷悲淚流，第一次感受到心中永遠的勇者、仁者與智者將要跟大家告別。

老病死生，是不變的真理，這一天，終究在十年後還是來了。每每讀到〈真誠的告白〉，總是淚眼婆娑。「我雖然帶走了你們對我的尊重，帶走了你們給我的緣分，帶走了你們對我的關懷，帶走了你們與我的情誼，未來我會加倍補償你們。我一生所發表過的言論，如『集體創作、制度領導、非佛不作、唯法所依』，又如〈傳法偈〉：『佛光菩提種，遍灑五大洲，開花結果時，光照寰宇周』，希望大家都能謹記、實踐。所謂『有佛法就有辦法』，凡我信者，要實踐慈悲、喜捨、結緣、報恩、和諧、正派、服務、正常、誠信、忍耐、公平、正義、發心、行佛……這些都是佛法，能夠實踐，你就會有辦法。」師父的諄諄教誨，猶言在耳，但今後只能在藏經樓的宗祖殿禮拜師父的聖像。

師父曾說：「敢，很重要。」這句話展現出他對弟子們的信任。有一位老和尚說：「全台灣，就星雲大師最『敢』，敢收那麼多的徒弟，不僅要給徒弟們溫飽，還要教育他們，荷擔如來家業。」我不禁也要說，全世界只有師父最「敢」。他在全世界成立國際佛光會，他敢建立「檀講師」制度，讓僧信一起承擔弘揚佛法，他忍受僧信二眾對「白衣上座」的疑慮、非議，甚至指責。師父也「敢」讓我這個才出家沒幾年的弟子擔任歐洲總住持之職，除了信任，他還指導我如何與長老師兄們相處的「祕笈」——請示與報告。師父對徒弟的提攜展現在各個層面，所以佛光山的徒眾儘管有千差萬別的性格與才能，最終匯集在佛光法水中，都是菩薩行者，在全球各處撐起人間佛教的法幢。

如同師父在〈我不是「呷教」的和尚〉一文中說：「我立下『給人信心、給人歡喜、給人希望、給人方便』的信條，勉勵自己要進取、積極、奮發，一生樂觀。所謂：『心懷度眾慈悲願，身似法海不繫舟，問我一生何所求，平安幸福照五洲。』」他所說的、所寫的，都是他做到的。

二〇二三年的徒眾講習會上，第一次師父沒有親臨，我在宗祖殿上，抽到一紙「承擔」的法語。原來他老人家還是要對沒有自信的徒眾叮嚀再叮嚀：「出家人沒有退縮的權利。」我拭乾憂傷的淚水，勇敢地向師父說：「弟子將以師志為己志，讓平安幸福繼續遍照五洲。」

回想從初識佛教，依止師父皈依三寶，到禮拜師父圓寂後的座龕，從在家到出家，從本山調派到海外道場，雖然無法經常親近師父，但與師父闡述的法一直相應在心，師父的法身遍一切處，將是自己盡形壽勇敢「行佛」的圭臬。

祈願，未來再續師徒「此岸、彼岸」波羅蜜之緣。

師父送我的二諦錦囊

妙佑法師

佛光山南美洲教區總住持

妙佑

馬來西亞沙白安南烏暹，一個民風純樸、神道不分的偏遠魚鄉，接觸正信佛教的機率幾乎為零。不知是何等殊勝因緣，在我小學三年級那年，家裡的神龕抽屜放了一本課誦本，封面印著「佛光山宗務委員會課誦本」。無人教導該如何修持，我也不知道裡面是經文，只知道其中有很多像詩歌般的章節非常吸引人挺有意思的。於是閒暇之餘，就背熟了〈爐香讚〉、〈三皈依〉、〈回向文〉等。高中畢業來到巴生鎮繼續學業，每天在佛教圖書館是我最快樂的時光，那裡有一系列的佛教書籍，尤其是星雲大師的《人間佛教小叢書》系列最通俗易懂。師父有系統地講述某個課題，諸如《佛教是什麼》、《佛教的宇宙觀》、《佛教的財富觀》、《論鬼的形象》、《談情說愛》、《佛教對人生命運的看法》、《佛教對民間信仰的看法》等等，沒有深奧難懂的佛學名相，為我的學佛奠下了基礎、確立了正確的觀念。兩年多優游在浩瀚的佛法大海裡，閱讀著師父的書籍就彷佛師父和我隔空說法。在大師的書裡看到一句「佛教靠我，不要我靠佛教」，點燃了埋藏在內心已久的火苗，我默默寫下，貼在房間的牆上。我已迫不及待想要親近偉大的星雲大師，向他學習如何讓「佛教靠我」。

我從《普門雜誌》看到了叢林學院的招生簡章，「學佛不一定要出家」幾個大字特別顯眼。我不知道自己有沒有因緣出家，如果有的話，一定要選擇星雲大師創辦的佛光山。

一九九六年四月二十一日，我在圖書館當義工，一位義工告訴我：「星雲大師來沙亞南講座，幫你報名了，你不是一直想要看他嗎，今晚就可以看到了！」

第一次見到師父，是在八萬人的沙亞南的體育館，因為距離好遙遠，根本看不到「真身」，只是能透過大螢幕看到師父魁梧的法相。師父的中文發音有些不一樣，後來知道那就是揚州腔，師父的措辭用字就好像《小叢書》裡的一樣，聽了無比親切，完全沒有隔閡。記得師父說了「小狗汪汪叫」的故事，以他的智慧及幽默風趣，教導夫妻相處之道，學習接受現實生活的差異。後來聽師父的演講，他每次都非常巧妙地運用譬喻故事，透過故事讓聽眾「秒懂」，很多時候小故事比大道理管用，這是大師對義理融會貫通，契理

契機、方便度眾的大智慧。

二〇〇四年終於如願就讀叢林學院。二〇〇六年佛陀成道日前夕，師父接見申請剃度的學生。師父開示：「出家如射出去的箭，沒有回頭路，從此以弘法利生為家務。」簡短幾句，卻是分量十足，這是師父要我們記住的方向，要我們用一生來履行的任務。承蒙師父不棄，如願在師父座下剃度出家。

當師父在「巴西的眼、腿、口」

出家月餘，蒙師父召見。到了法堂，我是最資淺的一個，師父一一詢問在場每一個被派去巴西的法師：「你為什麼要去巴西？」心想如果輪到我該怎麼回答呢，開始瑟瑟發抖，開始搜索枯腸，我也不知道為什麼去巴西，叢林學院都還沒有畢業，談什麼到遙遠的南美洲弘法？想到出家時發願色身交給常住，對於常住調派只有依教奉行。輪到我時，師父卻改口問：「你可以去多久？」我當下鬆了一口氣，不用回答連我自己都不知道的答案，於是不假思索地答：「師父要弟子去多久就多久。」師父再問：「十年好嗎？」「好。」但下一秒我又很擔憂地向師父報告：「但是弟子叢林學院還沒有畢業。」師父指著身邊的覺誠法師說：「他也沒有畢業就去了，但是做得很好，你不必擔心。」

這是我第一次和師父對話，三回合地一問一答，沒有什麼深奧禪機，師父給予了初出道的我無比的信心。臨行師父再叮嚀此去巴西弘法是「風蕭蕭兮易水寒，壯士一去兮不復還」，我對這句話雖然惶恐，不知遠渡重洋到巴西弘法的情況會如何，但想到這是師父交給我的第一個任務，我要好好安住，十年之內別想回來。

兩年後在西來寺受三壇大戒時，迎來了第二個任務。師父說：「聽說你葡萄牙語學得不錯，要再加強把它學得更好，到巴西各地去弘法，讓他們知道有一個佛光山的比丘尼，會用他們的語言給他們佛法。」我問師父：「巴西人學佛該以什麼為入門？」師父說：「禪修。」隨即交代傳燈會執行長永融法師將《人間佛教生活禪》送給我。只來過巴西三次的師父，竟然把巴西人的喜好、根基看得如此透澈，對於初受戒的弟子寄予厚望，指引我未來的弘法方向。

師父的鼓勵我銘記在心，先將葡語這個弘法工具學好，等待時機把人間佛教傳遍巴西。我當下發願當師父在「巴西的眼」，觀察巴西人的需求；當師父的腿，走遍巴西；當師父的口，為他們講說人間佛教。我如今還在巴西，師父交代的使命尚未完成，已自動續了第二次的十年之約。

出家也難免遇到一些困惑煩惱，總覺得自己的小事不應該驚動到師父。有一次向師父告假回巴西，他突然開口讓我和他一起吃早餐。看著我心事重重的樣子，師父也不點破，開始跟我話家常，問我：「你知道二諦嗎？」師父要考我佛學名相嗎？接著說：「你才剛出道，力量還不夠不要去抗衡，要懂得自我保護，修道的路還很長，要知道世間的人情世故，不依世俗諦，不得勝義諦。」師父要我「自我保護」，其實他說的這一席話就是在保護我，師父有千餘位弟子，不可能出現在每個弟子的身邊教導，師父的身教言教，就是弟子們在修道路上的最佳保護。從此以後，遇到困惑難解的人事物，我都一再重複使用師父的「二諦錦囊」，無往不利。

要結緣，不要化緣

台灣和巴西遠隔萬里，佛光山徒眾講習會時，偌大的如來寺也須有人留守。在那個沒有直播的年代，有時兩年才見一次師父，我非常羨慕師兄們的好因好緣，能夠隨侍在師父的身邊，近距離地聆聽教誨，師父對我說過的話一字千金。我告訴自己和師父接心不一定是面對面，而是以心印心。我常用《四十二章經》說的「弟子去離吾數千里，意念吾戒，必得道」來安慰自己。弟子雖然離師父萬里之遠，只要能時時憶念及實行師父的教法，就是師父對弟子的教誨。唯一能近距離和師父說話的時候，就是徒眾講習會向師父銷假或者告假時的短暫接觸。師父身邊總是圍繞著很多弟子，大家都希望多親近師父，向師父請安。匆匆地碰面，師父總會與弟子們一一握手給予祝福。記得那時候有許多地方都在建寺，師父跟大家說：「要結緣，不要化緣。」這是師父一生的高尚行儀之一，師父在世界五大洲建寺安僧從不化緣，他的結緣是讓信徒們願意憑各自的能力參與建寺。乃至像建大學如此需要龐大資金的事業，希望以教育培養人才，「給」學子們一個最佳的學習環境，師父號召發起「百萬人興學」，凝聚百萬人的心力，連結百萬人的善緣，聚沙成塔，集腋成裘，創立了佛光山系統的五所大學。雖是私校，卻比照公立大學的收費，甚至給予全額獎學金。巴西貧民區數十位「如來之子」的青年，獲得全額獎學金到嘉義南華大學就讀，他們就是眾多受惠的好苗子之一，還有更多的貧民區孩子，在巴西也受到師父的庇蔭，繼續接受良好的教育。

師父一生奉獻給佛教，一切以佛教、眾生為慮。有一年佛教界一些道場行事作風為社會人士所詬病，年逾九十的師父憂心忡忡，在那一年告假的時候，師父握著我的手，語重心長地說了一句：「不要隨波逐流」。

三年疫情的阻隔，眼看今年八月份就能回去看師父，卻傳來回去參加師父的圓寂讚頌的消息。多年前師父曾對我說：「謝謝你幫我翻譯。」很慚愧我是在後期才隨您出家，隨即又去了南美洲，跟師父接觸的機會屈指可數，我真忘了什麼時候為您翻譯，但您從來不曾忘記。本土化弘法是師父的心願，我也來不及當面向師父報告，弟子很努力地落實您交代的任務。去年按照您的文章風格，參考您的開示內容，代替您寫了第一本葡文書籍送給巴西民眾，在巴西的本土化又邁進了一步。

如今師父「暫時離開」了。師父最喜歡引用譬喻故事，這次他是用了《法華經》的「醫子喻」。師父暫時離席，留下的法身舍利三百九十五本全集就是無上的良藥。師父圓寂了，弟子們無不痛心懷念，當自精進發揚人間佛教，師父一定會「乘願再來」。

我在遙遠的南美洲巴西，不能看到師父已經是「常態」，這次，我就當作是常態，師父並沒有離開，只是要有好長一陣子不能見到師父。想念師父了就在全集文章裡跟師父接心。

慈悲偉大的師父！請您放心，弟子會記著您的教誨，等著您乘願再來，感恩師父不嫌棄弟子愚鈍，願生生世世追隨師父。弟子會儘快擦乾眼淚，以師志為己志，秉持佛光山的理念和您的叮囑，繼續在南美洲弘揚人間佛教。

悲智雙運的師父

妙樂法師

佛光山南屏別院住持

妙樂

回首學佛、出家的日子，點點滴滴都是師父教導我的慈悲與智慧。

金剛怒目・菩薩低眉的慈悲方便

佛門裡有「金剛怒目，所以降伏四魔；菩薩低眉，所以慈悲六道」的公案，《星雲大師全集》裡，有篇〈金剛怒目・菩薩低眉〉，師父說：「『金剛怒目』象徵威力的折伏，『菩薩低眉』代表慈悲的攝受，兩者雖然展現出不同相貌，但都是針對眾生根機而顯現的應化，都是度眾的無上方便法門，所以佛教裡無論是金剛怒目或菩薩低眉，都涵容了無量的慈悲。」我從師父這裡受教了。

佛學院畢業後，第一個執事就是在佛學院服務。師父關心青年，常來看望同學的學習狀況，和顏悅色為學生解答疑惑。有一天，師父召集所有在佛學院服務的執事，很嚴厲地說：「不可以胡混時光，青年將他們最美好的時光交到佛學院，沒有珍惜他們，就是對不起這些年輕人。」師父對別人的時間，看得比自己更重要。因此以「金剛怒目」的形象，提醒我們高度重視這件事情。

師父這樣嚴肅的樣子是我未曾見過，心中一直惴惴不安。不久，聽說師父又要對全院師生開示，我處在惶恐中，擔心又要見到怒目金剛的師父。晚上，全院的師生都到了，我是最後進場。師父像是明白我的不安，開口說：「妙樂，這裡坐。」師父以菩薩低眉的慈祥和藹，瞬間驅散我的不安。師父善知每位弟子，關心照顧每位弟子，不只在言語的指導，更從內心去感受弟子們的情況，這讓我相信唯有從「心」出發，用善心、善法，才能與師父的慈心悲願相應。

師父的廣大威德力

數年後，常住派我到屏東講堂擔任監寺，一日得知即將舉辦的「三皈五戒典禮」報名人數寥寥無幾。不禁著急地說：「人數這麼少，師父看到這麼冷清，會不會不太好？」只見師兄笑笑說：「別擔心，師父威德力廣大，一定不會冷清的。」果然，當天竟超過一千七百多人，把講堂擠得水洩不通。信徒從各地來到講堂，還帶著眷屬共同培植善根，護持佛法。我不禁想：他們是何時和師父結下法緣的呢？是久遠劫前就結下法緣嗎？原來師父的法緣，就像《法華經・從地涌出品》中所描述的，將經本的文字，化成具體的事實，而我們有幸參與其中，目睹盛會。

普門品的示現

調任高雄南屏別院後，我認為師父推動的人間佛教，應該是活潑的、亮麗的、歡喜的，於是就想在大雄寶殿辦一場「婦女法座會」走秀活動，並且定名為「無量光華・護法禮讚」。

當我向師父報告時，師父沒有怪我這個傻徒弟異想天開，反而放手讓我去嘗試。師父說：「菩薩披的瓔珞是為了供養眾生，你要把這層佛法顯現出來。」為此，師父還提供了他的「一筆字」，讓我在活動現場義賣，將所得做為護持當年佛光山國際三壇大戒，同時，也請長老慈惠法師前來協助說明活動的意義。

〈普門品〉中提到，觀世音菩薩因為佛陀的勸說，接受無盡意菩薩供養的瓔珞，分作二份，一份奉釋迦牟尼佛，一份奉多寶佛塔；這場「無量光華・護法禮讚」活動，用義賣的善心、善款，供養了佛陀以及三壇大戒的戒子；用美麗莊嚴的衣裝、身相，供養了佛陀及現場大眾。因為師父已經把佛法融入生活裡，通身是法，我這位傻徒弟天馬行空的想法，不但沒有被師父否定，反而在師父的指導下，用這樣的形態展現了〈普門品〉的要義。師父的人間佛教，就是這樣活潑、自然，讓信徒在參與活動的同時，就實踐了佛法，提升了自我。

打得念頭死　許汝法身活

二〇一五年，師父在高雄弘法六十週年，我們想辦一場「甲子慶」音樂會來紀念。師父除了交代我活動內容要有佛法，指示場地至少要能容納三千人，這可讓我苦惱了。於是我開始打聽高雄哪兒有這樣的場地。遍尋多處，後來聽說鳳山體育館可以容納三千人，師父卻說：「太舊。」師父在高雄弘法一甲子，對各處場地都很熟悉，一下子就說中要點。我無奈地說：「那只剩高雄巨蛋了。」師父說：「那就去巨蛋辦。」巨蛋鄰近南屏別院不到五分鐘的車程，我竟在整個高雄到處亂找。霎時想起趙州禪師的詩偈：「趙州八十猶行腳，只為心頭未悄然；及至歸來無一事，始知空費草鞋錢。」師父此舉必定有用意、有禪機，一來要我參〈趙州偈〉的公案，要我走出去，多認識高雄、廣結善緣，不是只關起門來弘法。或許因為巨蛋可容納上萬人，師父怕我一時畏怯、擔憂，所以先讓我找三千人的場地，發現其他場地都不合適，就像禪門講的「打得念頭死，許汝法身活」，師父要我參絕處逢生後的肯定，只有全力以赴。

師父教導徒弟就是這樣寬容，給予成長的時間與契機，讓徒弟在做中學、學中做，直到弟子一再碰壁，在恰當時機伸出援手，點撥迷霧，再適時放手，讓弟子在承擔中成長，在承擔中體會佛法。師父的禪法，不在禪堂，更在人間的每個角落。

心繫眾生的師父

這些年，高雄發生了兩件令人震驚的意外事故，引發社會大眾的不安：一是二〇一四年「高雄氣爆」，一是二〇二一年「城中城事件」。

氣爆事件發生時，師父立即指示：「高雄是佛光人的第二故鄉，它發生災難了，佛光山在高雄的道場：南屏別院、寶華寺、鳳山講堂、小港講堂、普賢寺及佛光山慈善院等法師、佛光會員，第一時間啟動全方位的救助，都監院同步周知全球各道場、殿堂為此事件祈福祝禱。救災第一，不要分心，去做就對了。祈願一切平安！」師父還特地寫了祈願文，祈求佛陀加被亡者、生者以及所有大眾。師父心繫所有眾生，以同體共生的理念，關懷每一位眾生。尤其師父的祈願文，如同定海神針一般，給予惶惶不安的人心帶來穩定的力量。

曲直向前　走向佛陀

對於徒弟，師父用無盡的包容讓弟子去學習、嘗試，給弟子們時間去成長。師父總是觀機逗教，循循善誘。

記得有一年，常住舉辦徒眾論文發表會，我也參加了，師父誠懇地請教授們對參與的徒弟們要多加嚴格指導，那份殷切之情，就像一位老父親鄭重地將子女們交給師長，請求師長多加照顧、提攜，囑咐子女們虛心求教學習。師父那種老父親慈愛的心意，至今深深印在我的腦海中，每回想起來，總是動容不已。

有一回，與師父、長老同搭電梯，他說：「妙樂，不容易啊！」我深刻明白師父說的「妙樂」是指修行的境界，不是指我本人。因為有師父在，我就像站在巨人的肩膀上，沒有什麼不容易的，那些不成熟的方案，到了師父那裡，總能點石成金，讓大眾法喜充滿。達到「妙樂」這樣的修行境界雖不容易，但這個法名蘊含師父對我的期許。真要說起來，應該是「師父，不容易啊！」

當年高雄壽山寺才建好，險些被拆掉一層，師父親自去有關單位溝通協調，保留了建物的完整性；師父將一片荒地的麻竹園開闢成佛光山現有的規模；師父為了弘揚人間佛教，敢為天下先，招來許多批評與誤解，師父還是以「四給」來面對大眾，這些事情都非常不容易。更不用說徒弟們每天帶著各種事情來向師父匯報，千頭萬緒的各種事務，師父都能提供應機的指引，這需要怎樣的般若智與慈悲心啊！

師父在〈真誠的告白〉說：「我這一生信仰佛陀，以佛陀為我的導師，為我的道路。」即使有各種不容易，無論遇上怎樣的困難挫折，師父永遠是心繫大眾，帶著大家，無我無私地走向佛陀。即使過程中需要「曲直向前」，但目標不變，就是「弘揚人間佛教，建設人間淨土」。

最珍貴的禮物

師父曾說：「破銅爛鐵也能煉成鋼。」在師父眼中，沒有破銅爛鐵，全部都是人才，只是需要時間來歷練與成長。師父善知每一位徒弟，用無盡的耐心循循善誘，以身教與言教，開啟大眾的善念，轉變了我們的觀念，除了師父上人，我不曾再見過這樣無私無我，一心只為大眾著想的人。師父終身都在踐行六度波羅蜜。

尤其師父「忍」的工夫，在《星雲大師全集》中談到很多，而師父親身示範的，超出更多。師父弘法並非一帆風順，但他一直向著佛陀的方向前進，師父曾寫過新春墨寶「曲直向前」，大約可以概括師父弘法的心路歷程吧！

如果有人問我，師父是怎樣的人，我一定請他去閱讀《星雲大師全集》。師父一生的閱歷，師父的慈悲與智慧，師父的弘法度眾，都在《星雲大師全集》中可以看到。這是師父的法身舍利，是師父留給我們最珍貴的禮物。

師父翻轉我的生命

妙宥法師

佛光山福山寺住持

妙宥

白天仰望著天空，總會看見雲；晚上舉頭凝視夜空，星兒佇候著。依然覺得您用慈悲堅定的力量，如白天和夜晚輪替沒有暫息，因為不捨眾生苦，雖不見報身，卻仍感到在您的庇蔭下，繼續引領著我們，在人間遍灑佛淨土的種子。

惜才的師父

踏著緊張、雀躍、飛快的腳步，從佛學院到法堂的路上，感覺好不真實，一位人們口中偉大的宗教家，給了微不足道的小學僧見面的機會。

記得師父說：「我很掛念，那個在妙法寺剛出家的年輕人，有沒有來學院讀書，受正規的僧伽教育？」心中誠惶誠恐地感到，多年前不過匆促見一次面，師父竟然記得。短暫三十分鐘的談話，是師父第一次的教導，師父說：「煩惱少一點，智慧就多一點。」至今猶記於心。

二〇〇一年大甲妙法寺正式由佛光山接手管理，除了寺院捐給佛光山，連這位小徒弟也捐出為佛教所用。當時屬於壹同寺系統的寺院，皆難以理解接受，因為傳統寺院皆是子孫叢林，弟子絕對是師父的最大資產。在保守的思想下，妙法寺長老理群法師毅然決然將徒弟送入佛光山這個大道場來學習，記得老人家曾說：「星雲大師很有智慧，心量廣大，佛光山是正派道場，與大眾一起學習才會進步，要發心為常住做事。」後來更請求大師為我更名，如此心量真讓我感到不努力弘法利生，如何報答？二十多年匆匆而過，理群師父總說：「大師真了不起，把你教得很好，看到你成長如此快，證明當初的決定是對的。」他時常叮嚀我要發心，自己更是投入護持佛光山。三生有幸的我，此生遇到了二位大心量的師父，在修道路上，讓我走得安穩妥當。

我是佛光山，佛光山是我，二十多年來沒有界限，沒有友寺進入佛光山身分的分別，只有跟隨大師修行，弘法度眾的前進，隨著常住調派工作，隨緣隨分到各處領職服務。星雲大師的惜才惜情，我相信弟子們都能感受得到。記得每當自己在工作、人我中起了煩惱、解不開結時，師父總是一通電話為我解惑，即使遠在美國弘法，接到老人家越洋電話的當下，一切事情都迎刃而解。在細膩處事的智慧中，看到師父為徒弟安住身心的用心，從不問對錯，只為我的未來。

佛光山徒眾的輪調制度，對修行來說是不可或缺的訓練，幫助我們不執著、不堆積、不戀棧，可以多元化學習，打開視野，廣結善緣。師父曾開示：「有流動的水才會清，人事常調動，對於職務就不會把持、眷戀，人事才會健全。所以，佛光山實行三年一調的人事輪調制度，藉由調動的機緣，讓大家多方學習。對於人事調派要歡喜奉行，因為我們所做的一切，都只是成就常住的一個因緣而已。」

當然，在因緣法中，總有好因緣的相遇及磨練身心的來去。一日，師父把我找去法堂，侍者們有默契地讓出，只剩師徒二人，偌大的空間寂默寧靜。師父說：「把你擺在哪個位子？我想了二個月，一個能夠讓你成長，不致於中途早夭，帶你的主管，要能夠放手給你學習發揮。」當下的我，心中滿滿感動，眼中含著淚，我的師父如此寶貴的時間，應該拿來為眾生，怎麼會將微不足道的我放在心中？這份師恩難以報之。

無有差別的師父，把每位徒弟當成珍寶，我離「才」還有很大的距離，儘管如此我仍朝著「成才」而努力著。

學會解決問題

師父說：「世間上無論做什麼事，一定要敢。敢，才有力量，才會成功。」我的膽怯，我的不敢，總是令我裹足不前，失去成長、進步的好機會，至今想來仍後悔不已，所幸佛光山的人間菩薩思想──「給」的力量，使我勇往直前，接受每個當下。

福慧家園共修會是推廣共修的總站，二〇一〇年四月四日開辦千人共修，每星期日上午十點至十二點以生活化的主題式修持為主，下午一點半至三點的修持課程，包括抄經、禪修、念佛、佛學講座、佛法輕鬆談、福慧講座、素食烹飪班、福慧長青班，及各類的社教課程，提供現代人一座修身養性、福慧雙修的道場，以實踐「佛法生活化，生活佛法化」的人間佛教理念。

師父將如此重要一職賦予我，從無到有、從不會到會。如何維持每星期千人共修？講師哪裡來？課程設計規畫等等，因為怯懦和經驗不足，看不見為佛教及眾生奉獻時，須克服萬難，才能獲得成就的果實，於是情緒第一，事情第二，埋頭苦幹，不知請示，如此無知懵懂地做事。睿智的師父看在眼裡，包容我的情緒，讓我摸索、嘗試，在做中學、學中做的蛻變過程，學到許多陌生的第一次——主持共修會、宣傳招募、規畫課程、與人交流。

師父雲淡風輕地對我說：「你現在學會解決問題了吧？」一句話讓我醍醐灌頂，豁然開朗，原來師父花了四年半在教導我一件事——學會解決問題，過程沒有一句重話、責備，顛覆傳統師父對徒弟告誡的修行之道，一生推動人間佛教的星雲大師，將修行融入人性中，在此表現無遺，人間佛教不是口號，而是真正地落實。那一刻，我突然間不怕了，對未來、對修行、對奉獻，我有了無限的底氣，因為「我學會解決問題」。

我是你的善知識

二〇二三年農曆正月十五日，在師父圓寂到追思讚頌會的期間，再次真實感受到師父對我的愛護，我被安排在師父坐塔的壇場值香燈一職，一天三班，一班二小時。前來禮拜弔唁的人潮，絡繹不絕。每天在弔唁結束人潮散去後，望著師父法相，感謝師父在最後仍然讓我每天都能與他接心。追思讚頌會當天，本無機會可到大仙寺送師父，卻也是臨門一腳隨人上了車，真是不可思議的因緣。在一次讚頌會的前一天，原本安排的主法因故無法出席，換成我當主法，當我立於師父座前，感動萬分，原來您仍然在護佑著我。思及此，心中悸動不已，熱淚盈眶，已無法下筆……師父！我想您了。

記起師父曾語重心長地說：「某某政治人物，某某企業家都會來向我請益，我是你的善知識，你怎麼沒把握機會呢？」我當時推著輪椅，在傳燈樓二樓與師父跑香，我總是像往常一樣輕輕回答說：「是，我會把握的。」實則心裡一片空白，不知要問什麼，怕問題太淺沒有程度，深覺自己的貧乏。

但這句話深深烙印於心，再三思維師父的深意，我有把握師父對我的教誨嗎？我有給人接受嗎？我有體認人間佛教的重要性嗎？我有發起為教為眾的菩提心嗎？我有不畏艱難尋找善知識的勇氣嗎？

回憶在法堂為師父拉紙寫毛筆字的時光，看著師父對自己無比地嚴格，看著侍者書記們默契地忙碌著，無須太多言語，彷佛有師父在的空間，處處變成佛法，告訴我要精進、要靈巧、要配合、要珍惜。二〇一二年全國教師佛學夏令營，您要我上台唱〈太虛大師五十歲生日感言〉，您在訓練我的膽量與勇敢。您帶著我坐車巡視山上時，指示車開上萬壽園，您說：「萬壽園就是一間別分院。」您在破除我所認定的「別分院」狹隘定義，要我丟掉我法二執，何處不是道場呢？

在山上的那幾年，午飯後推著您跑香時，我鮮少說話，總是靜靜地聽著您說。我是個不擅長對話的人，但您說要「擴大自己，要為佛教」的教誨，銘記於心，我虔誠發願盡形壽弘揚佛法，推動人間佛教。師父！您真的是我的大善知識！

為了佛教無怨無悔

師父一生為了佛教，永不退票，愈是深入看佛光山，閱讀《星雲大師全集》，愈能感受一代大師「為了佛教」的慈心悲願。

從改革佛教開始，以「但開風氣不為師」的氣度，辦各式教育——幼兒園、國中小、五所高等大學、人間大學、社區大學等；辦藝術文化——美術館、文化出版、學術交流、電視台、推動各項善美事等；辦慈善公益，弱勢資助、醫療救援等；在淨化人心的佛法改革中，師父依著佛陀本懷，非佛不作的態度，將深奧的佛法轉換成讀得懂、用得上、符合現代人語言的佛法。至今，我深深感到師父將他近百年的生命，運用得淋漓盡致，毫無保留，他心甘情願，永不後悔，這一輩子，下一輩子，生生世世，發願還要回來娑婆做和尚，弘揚佛法。當我愈深入師父的文字大海，更堅定自己也要為了佛教，奮力追隨。

唯有星啊！唯有雲啊！翻轉我的生命，開啟我的生命廣度與深度，不僅僅只有我一人，師父已撒下佛法的種子，如同《遺教經》最後一段：「若我久住，更無所益，應可度者，若天上人間，皆悉已度，其未度者，皆亦已作得度因緣。」師父！我們等候您乘願再來。

沉著應對・堅定信心

妙穆法師

新加坡佛光山住持

妙穆

沉著應對、堅定信心，是師父上人給我的寶藏！

師父上人在二〇二三年二月五日捨報圓寂，至今師父的身教和言教，依然歷歷在目，深烙心中。

佛光山入室弟子有一千餘人，每個弟子和師父都有不同的因緣。而我跟師父的因緣沒有其他師兄們來得深厚，是師父的慈悲成就了我出家的因緣。我以四十二歲的大齡入讀佛光山叢林學院，一年後才出家。對大師的教誨，我卻是沒齒難忘。尤其讓我印象深刻的是，師父通過身教考驗我對問題的應對能力和信心。

坦白說，自那件事之後，我面對任何處境都多了一份信心，對佛陀、對師父、對自己、對信眾，深信「世上無難事，只怕有心人」。是師父讓我深刻體會到有容乃大，只要有信心，任何事都可以迎刃而解，不要在困難面前打退堂鼓，臨陣退縮。

那已是十年前的事了。

二〇一二年，師父應邀到新加坡，主持「二〇一二年三皈五戒暨為社會大眾祈願祝禱法會」。師父在本地弘法期間，也法駕新加坡佛光山道場，與功德主們接心。師父問在場的功德主們：「明年你們還請不請我來？」在場的大眾聽到師父這麼一問，大家當然非常開心，馬上回答一定要再請師父來新弘法。師父願意到新加坡弘法，可說是本地信眾的福氣啊！大家可是求之不得呢！

令信眾雀躍萬分的是，師父上人在新加坡室內體育館的萬人大型法會上，還兩次當眾宣布，他在一年後，即二〇一三年十一月還要再次來新加坡弘法，與信眾們接心。我們如獲至寶。這是千載難逢的好因緣，豈能讓因緣空過。我馬不停蹄在一個星期內訂下檔期。同時，為了讓場面更為盛大、莊嚴，特別通過新加坡佛光山顧問兼國會議員成漢通先生，邀得新加坡總理李顯龍先生以榮譽嘉賓身分，出席這個「三皈五戒」典禮，並為獅城大眾祈願祝禱。

李顯龍總理當時在斯里蘭卡進行國事訪問，還是答應趕回新加坡出席這個大型法會。我還馬上致電給新馬泰印總住持覺誠法師，告訴他這個好消息。

同時，我也致電高雄佛光山總本山的慈容法師。詎料，容師父轉告師父上人時，師父卻突然氣定神閒地回答說：「我沒有說要去新加坡。」接聽電話後我先是一愣，不解大師何以會這麼說？師父是不是忘了才不過兩個星期前的承諾？

回想當時，我的心也不慌，心想師父一定有什麼事，要不然，怎麼會突然改口說不來新加坡？而且，師父二〇一二年在室內體育館時，還在台上兩次宣布，要在隔年再來新加坡主持三皈五戒和祝禱法會，完全不像在開玩笑。師父上人可是一位「一諾千金，永不退票」的師父。

二〇一三年九月，覺誠法師提議和我一起回高雄總本山，親自向師父上人請法，法駕新加坡弘法。

記憶猶新，當時和覺誠法師跟著師父上人去跑香，還對師父說了不少好話，苦苦請求，至誠祈求師父上人。可是，師父上人依舊是如如不動，還是同樣一句：「我沒有說要去新加坡！」縱使在回新加坡前向師父再次請求，得到的依然是同樣的說法：「我沒有說要去新加坡。」

眼見兩個月就要到了，師父還是對來新加坡主持三皈五戒和祈願祝禱法會「無動於衷」。我想必須致電國會議員成漢通顧問，有智慧地處理此事。

我告訴他大師年事已高，與李光耀資政年齡相仿，我說萬一星雲大師無法來新主持法會，我們必須要有第二個方案，是否能請佛光山的宗長心保和尚主持？成顧問想了想說如果真的，也只好這麼辦了，還好當時成顧問就答應了。

同年十月，國際佛光會在香港和大陸宜興大覺寺舉行理事大會，我仍然抱著希望，就請當時的新加坡協會會長沈清發，希望他代表大眾能請得動星雲大師，讓他首肯來新弘法。

回憶當時在宜興大覺寺閉幕時，師父在台上開示近一小時，精神奕奕。怎麼知道，一下了台，整個人就累得在輪椅上睡著了，沈會長也無法見到師父上人和請法。

當時已是十月初，同樣無法令星雲大師改變心意來新加坡。

十一月四日，距離新加坡室內體育館的大型法會僅有兩週，當我在開佛光會的月例會時，突然接到慈容法師的電話，說師父要去新加坡了。根據行程安排，師父上人會在十一月十六日先在馬來西亞雪蘭莪州的莎阿南體育館，主持一個八萬人的法會。之後，再馬不停蹄地飛到新加坡，出席十一月十七日在新加坡室內體育館舉行的「二〇一三星雲大師新加坡三皈五戒暨為國家祈願祝禱法會」。突如其來的電話可說是天大的好消息，但好事總多磨，怎麼知道，十一月十四日約傍晚時分，師父上人在東禪寺的浴室裡，因為眼睛模糊，誤以為抓住前方手把，整個人失衡往前撲倒，左眼眼眶邊硬生生地插入地板上的尖銳物，入院縫了七針，隔天可能要直接回高雄了，無法來新加坡。

接到電話通知後，我整顆心掉入深淵。千辛萬苦才等到師父首肯，改口願意來新，卻發生如此意外。這難道是好事多磨，磨多事就好嗎？

當晚，我實在是按捺不住了，第一次跪在新加坡佛光山大殿的佛陀面前，哭求佛陀庇佑師父平安無事，早日康復無礙，保佑他可以如期到新弘法，主持大法會。意外地，十六日，大師戴著墨鏡出現在莎阿南體育館的八萬人弘法大會。當時，還有信徒開玩笑地說：「你的師父很時髦，戴著墨鏡為八萬人說法。」我也只能唯唯諾諾，顧左右而言他。

後來是大師在蒞臨新加坡時，在機場自己親自向信眾解釋，那是因為跌倒挫傷眼眶所致。臨上台前，本以為佛佑師父能平安來新就安心了，豈知，十七日當天在法會現場也發生了一些大插曲，如節目表臨陣修改，從兩小時的時間縮短到一個小時，而且沒有事先通知總理公署的負責人，令他們非常擔心和疑惑；大師在台上致詞時，李總理只能靜悄悄入場。總理公署事前已經聲明總理在現場是不上香、不獻花，但現場卻臨時安排總理上香、獻花。總之，那些臨時出現的狀況，我都沉著應對。法會結束後，本來應該跟隨師父回去旅店，聽取師父的指導和檢討。但是想到當晚的無常變數太大必須趕回道場，我請攝影組不要將照片和影片上傳到我們的官網，以免無法回應總理公署的責難。

確實在兩個星期後，就收到總理公署的信函，要求給予合理解釋有關當天晚上的變數。小心翼翼地一一回覆之後，一切問題也就解決了。自從那件事之後，就算發生再大的事故，我都能沉著應對，將問題迎刃而解。總而言之，事後想起，是師父磨練了我，給我製造了一個能獨當一面、解決問題的機會。師父考驗我對自己的信心、對他的信心、對信眾和佛菩薩的信心。是這些堅定不移的信心和臨危不亂的沉著，方能有智慧地解決一切問題。我非常感恩師父，是他用心良苦的身教，給了我一個很大的磨練。這個身教，令我獲益匪淺。

佛教需要傳承，代代傳下去，讓正法得以永住。我想對師父說，是師父的慈悲、睿智、包容，令佛光山永續發光發熱。雖然師父已經圓寂了，對我而言，師父的法身未曾離開過我們，師父一直在我們的心中，是師父賜給我法身慧命，引領我找到內心的清淨，對師父的感恩無以回報，唯有繼續弘法利生。

無限能量的師父

妙勤法師

佛光山蘭陽別院住持

妙勤

從未見過一個人一生如此地精進，提倡「人生三百歲」，從未荒廢過片刻，分秒必爭弘法利生，那就是我的師父。

自從師父圓寂後，心想此生跟隨師父出家的種種因緣，他的言教與身教，深深地影響我，因為學習人間佛教，改變了我的人生，讓我的生命更加積極有意義，開闊了無限的眼界。

和師父最早的因緣，竟然是在夢中。剛接觸佛法，很喜歡看佛書，請了一套《星雲大師講演集》，愛不釋手。一日作夢，竟然夢到星雲大師，笑著對我招手說：「你趕快來出家！」

學佛到一個程度，生起渴求皈依的心，在三十年前的台灣，想找個皈依的地方，並不容易。後來極樂寺的法師，幫我們家族方便皈依，在皈依結束後，住持依恆法師告訴我們：「可以常來道場，參加週末共修法會。」這句話，讓我有了一個可以依止學佛的地方，開啟了我和師父的永續因緣。

皈依以後，因為共修和佛光會的因緣，讓我生起想要跟隨大師出家的心，二年後在一次共修法會，我的出離心竟然生起了，那是一種全身全心釋然解脫的宗教體驗。

我也要好好護持大學

進入佛光山叢林學院就讀，常住舉辦三壇大戒，師父是我們的得戒和尚。看到師父巍巍高大的身影，心中莫名地感動，流下法喜的眼淚，心裡發願：「這就是我依止的師父，我發願要好好跟隨他出家學習。」

常住為建大學舉辦行腳托缽，師父希望建一所人文素養、體用兼備、解行並重的大學，我心中疑惑有寺院就好，為何要建大學？耳邊突然傳來師父鏗鏘有力的聲音：「我就算賣血，也要建大學」，聽得我耳朵嗡嗡作響，全身汗毛豎起，師父怎麼這麼有理想擔當，當下跟著發願「我也要好好護持大學」。我進入南華大學就讀，成為南華大學佛教研究所的學生。我現在服務於蘭陽別院，日前為佛光大學發動信徒舉辦園遊會，和全校師生結緣。

畢業之後，被分發到勝鬘書院。勝鬘書院是師父為中青代想修行的女性，特別規畫四個月國內外短期佛門修學課程，不像叢林學院一般嚴格。有一次師父在檀信樓演講，坐車從我和學生的身旁經過，對我說：「您怎麼把勝鬘書院帶得像軍隊一樣？」學生們聽到都笑開了，覺得師父很平易近人。當下了解師父度眾的善巧方便，給人多一分的歡喜和自在。學生結業後，留在常住服務的有二十位以上，有五位跟隨大師出家，他們覺得大師的人間佛教很生活化，讓大家願意留在常住學習。

職於台南南台別院，印象最深刻的有兩件事情。師父為了促進兩岸和平，邀請北京京劇來台灣演出《鎖麟囊》。演出的地點在台南文化中心的演藝廳，位子一千八百個，對初到別院任職的我來說是一大挑戰。為了票務的順利推展，我將影片剪輯出最精采的部分，到台南的別分院講解劇情，以及說明師父為兩岸和平所做的努力，發動佛光人全力總動員；演出當天竟然來了二千多人，位子不夠坐，還特別吩咐在外加布幕。師父致詞表示：「京劇中所闡述的忠孝節義故事，極具淨化人心之效，與佛教梵唄藉音聲，弘揚佛法，具有異曲同工之妙。」在活動結束後，師父告訴我這次活動辦得很成功。辦活動雖然花很大力氣，受益最多的是所有參與活動的人，集合眾緣的力量，讓一般民眾了解中華文化傳統藝術美好的一面，因而重視中華文化的弘傳，讓兩岸更加和諧，也讓更多人認識佛教、接觸佛法。

這就是我的師父

二〇一六年二月六日凌晨三點多發生六點四級地震，台南的維冠金龍大樓因為大地震而倒塌，死亡人數多達一百一十五人，九十六人受傷。在師父的指示下，我們提供了毛毯、物資、熱食給救護人員和亡者家屬，在南台別院設置安置中心，提供住宿，關懷傷亡者的家屬。動員台南地區所有道場，輪流到殯儀館為亡者誦經念佛。由於是過年前三天發生，為了讓災民遠離悲傷，除夕夜特別帶災民到佛光山圍爐。師父很慈悲，特別讓災民坐主桌，讓現場一千多位佛光人給予他們祝福。自己並一一和他們握手，安慰他們說：

「祈願亡者往生淨土，傷者恢復健康，要重建信心，化悲痛為力量，早日重建家園。」災民們表示星雲大師實在很慈悲，讓他們的身心獲得很大的安定感。我回想起一九九九年的九二一大地震，師父也一一為災民們摸頭，因為師父覺得他們需要，經過大師摸頭，災民彷佛得到加持，無限感激。師父總是能給無助者最好的幫助，「慈悲」就是最好的修行。

二〇一六年藏經樓即將完工了，九月我調職到人間佛教研究院，我喜歡深入經藏，竟然有因緣住到藏經樓。十一月師父腦部開刀，大手術傷了師父的記憶和語言神經。調養數月以後，師父非常關心藏經樓，常常由侍者推著輪椅到藏經樓，幾次督促要將藏經樓的種種規約、管理制度趕快建立起來。此時說話還不太清楚的師父，甚至幾次夜晚，召集主管進行開會，關心著佛光山未來的發展。

他竭盡全力地對佛光山的未來發展，給予指示方向：

一、我們有什麼特點可以吸引一般大眾到佛光山？

二、如何規畫設計各種弘法活動，吸引各年齡層的人來佛光山？

三、如何吸引社會上不同行業的人佛光山來參與各種活動？

四、本山要繼續存在，要去研究電腦科技方面的技術，以吸引現代年輕人。

五、如何讓佛光家庭的延續，不會有斷層，要關心世代的傳承。

六、如何讓一個人從幼兒、少年、青年、成人到老年，都跟佛光山有往來。有的家庭是老一輩的在護持，他的下一代忙於工作，就和我們不怎麼往來。有的在青年時代，跟我們有往來，等到年紀大了就失去了聯絡。應該怎樣設計規畫，讓一個人從幼兒時代，一直到他長大，乃至結婚生子成立佛光家庭，都跟我們保持因緣，把佛法在每個人的家庭中傳遞下去。

七、長輩們的安養問題。如何把老一輩的人照顧好？這些老信徒們對佛光山的奉獻很多，他們年老的時候，我們也要關心，讓他們有一個安身之處。佛光村就是其中一項構思。

看到師父筋疲力竭的樣子，不由得佩服一個人怎麼有辦法在生病時，還如此心繫著大眾，關懷的層面，不但從幼兒、青年，甚至到老年人的未來發展，這就是我的師父。

念佛會裡朋友多，找到一個好朋友

疫情期間，我調到宜蘭蘭陽別院，蘭陽別院是雷音寺的前身，是師父早年弘法的根據地。師父說：「沒有宜蘭的雷音寺，就沒有佛光山；沒有佛光山，就沒有遍布海內外近三百個道場，更沒有百萬以上信徒，而且佛光山最早的弟子幾乎都是宜蘭人，這裡是人間佛教的發源地。」

師父的圓寂，我在蘭陽別院舉辦了一場讚頌大會和佛光會各分會二十場讚頌會。早年的親近師父，和師父一定有特別不同的因緣。

民國五十七年遇到強烈颱風，短短十五分鐘，就將平房屋頂全都吹走了。師父很慈悲，拿著手電筒帶著義工，巡視一間一間的房子，大聲喊著：「有人受傷嗎？趕快到念佛會來啊！」災民們扶老攜幼，一起躲到寺廟裡，吃著大師和義工為他們準備的熱粥和麵食，其實雷音寺本身也被颱風吹得殘破不堪，還這麼熱心來幫助他們，對於大師不忍眾生苦的慈心悲願，感動不已。

師父於一九六一年七月設立「光華文理補習班」，正式向教育部登記立案，義務為清寒子弟輔導各種功課。當時的學生，曾擔任教育部訓育常務委員的鄭石岩老師，回憶說當初他和師父初次見面，師父就用揚州腔說了三個字「好孩子」，這三個字烙印在他的心裡，很歡喜自己在師父的心中是個好孩子，所以他發願一定要好好讀書、好好做人，做個好孩子。

現任宜蘭大洲國小的林機勝校長小時候住在雷音寺的後面，他描述一個禮拜能親近雷音寺一次是他最期待的時刻，因為每個禮拜六可以念佛、聽故事、唱歌、玩遊戲、領結緣品。當時為了接引小朋友，教大家唱一首〈找朋友〉的歌：「拍拍手，走走走，念佛會裡朋友多，找到一個好朋友。」特別是就讀力行國小和光復國小的小朋友，會以唱這首歌來確認彼此是不是同屬雷音寺一國的。他現在常被邀請到「兒童學佛班」，為小朋友上課是因為當時受到大師的栽培，學習到佛教的因果教育，擁有了高尚的品格，他認為在雷音寺的學習，是一生最寶貴的教育。當時雷音寺在大家的認知裡是一個小孩開心、師長用心、家長放心的好地方。

師父自從一九五三年來到宜蘭，到今年二〇二三年圓寂，剛好弘法七十年。為了緬懷師恩，九月三日在宜蘭演藝廳舉辦了一場「緬懷師恩——星雲大師宜蘭弘法七十年‧一九五三佛光歌詠隊音樂會」，預計在當天成立「一九五三佛光青年歌詠隊」。為了這個音樂會，籌畫了半年以上，不管老中青，合唱團的團員們都緊鑼密鼓地加緊練習。沒想到卻來了「海葵怪颱」，可能會被迫取消演出。這期間我承受著演出者和觀賞者種種想要取消演出的壓力，我安慰大家：「就依照政府是否放颱風假的規定。」

我跪在佛陀前和師父的法相前，不斷地祈求：「師父來宜蘭弘法至今七十年，將當時保守的佛教，帶動到全世界五大洲，他所倡導的人間音緣也一直傳唱至今，帶動著佛教以音樂弘法的國際性發展。祈願諸佛菩薩和師父的加持，讓我們能夠遠離海葵颱風的暴風圈，讓音樂會能夠順利圓滿進行，讓台灣能夠平安度過。」

不可思議的是九月二日氣象局宣布海葵颱風轉變了路徑，宜蘭遠離了暴風圈。大家都慶幸我們竟然可以如期舉辦音樂會了，我們大家都相信是佛菩薩和師父保佑了大家，而此次海葵颱風幫台灣的水庫灌滿了水，並未帶來太大損害。

音樂會能夠如期舉行，帶給信眾對信仰很大的信心。大師倡導的佛教音樂，是最多人傳唱，一九五三歌詠隊七十年來，終於從鄉間走向大舞台，這是在宜蘭是沒有過的紀錄。除了演出佛教歌曲、音樂演奏，並搭配敦煌禪舞，是新型的弘法方式。宜蘭的一九五三青年歌詠隊在當日正式授證誕生，也代表著歌詠隊的傳承。來參加音樂會的聽眾，有從來沒學過佛的人，許多人反映佛教音樂竟然這麼好聽！以人間音緣弘揚佛法，是一種新鮮、特別受歡迎的演出方式。這場音樂會讓大家在緬懷師恩時，也將大師的智慧法語藉著歌曲深深觸動人心，這就是大師給我們最好的教導和善巧的弘法方式。

這一生跟著師父學習，是無上福報和榮耀，因為廣學一切法，所以增長很多修道上的資糧；學習三好四給的理念，擴大了我生命的能量。在佛光山的學習，隨時隨地在開眼界。古德說：「無邊風月眼中眼，不盡乾坤燈外燈，柳暗花明千萬處，敲門處處有人應。」在人間佛教要學習的太多，學習和師父無盡的法燈接心，開展自己的心燈。因為眾生無邊誓願度，就會遇到無量的煩惱，在廣度眾生的當下，也學習無盡慈悲喜捨的法門，給大家帶來溫暖光明。

將想念化為動念

妙開法師
馬來西亞佛光文化副總編輯

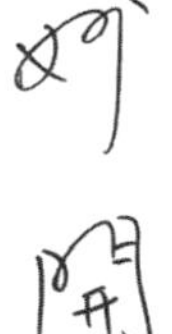

師父聖言　妙開道心

一九九七年剛踏入南華大學就讀佛教學研究所，同年專供信徒休憩、僧眾辦道的「南華學舍」佛像開光，師父親自前往主持。身形不高的我，很自然地被開牌當侍者。

由於師父向來準時，因此法會開始前十五分鐘，弟子們就會各就各位。那天一早不知怎麼一回事，不知是瀉肚子，還是「鬼打牆」，總之就是無法走到大殿，眼看法會即將開始，心裡著急地默念佛號，最後及時趕到法堂門前。

當時師父的侍者永莊法師，領著滿頭大汗爬上四樓的我，到法堂跟師父認錯：「師父！對不起，我遲到了。」

師父沒有抬頭，也沒責備我，開口就問：「你叫什麼名字？」「我是妙開。」師父說：「那你開了哪個門了？你開心了嗎？」

當儀軌進行到佛像開光時，師父一手持鏡，一手持朱砂筆，低沉、渾厚又緩慢的音聲說著「開！開！開！開！」當下「轟」的一聲，師父方才問我的話直衝腦門，淚流滿面，久久不能自已。

之後隨侍的日子，師父慈悲賜予的墨寶，從「妙道開心」、「妙開道心」到「六妙門開」，無一不是引導我在法上用功的方向，找到廣開弘法的方便法門。

慈悲供養　生命教育

第一次隨侍師父去澳洲弘法，結束西澳的行程，轉往布里斯本，師父聽說這是我第一次出國，便囑人準備一、兩條吐司麵包，帶我去「增廣見聞」。師兄教我把白吐司撕成小塊，沿著屋外好幾公尺處，以順時鐘的方向，將吐司放在草地上，隨後，師兄要我把所有的窗簾、門簾全部拉上，最好是做到「密不透風」的程度。

完成這些「儀式」後，師兄再度交代：「師父說，你可以坐在靠窗的位置，偷偷拉開窗簾一角往外看，不管看到什麼，絕對不要大聲叫喚。」語畢就離開，留我一個人滿腦子問號地獨坐客廳。

不知過了多久，半睡半醒之間，離窗外很遠的灌木林處，有個小小的、黑黑的「東西」在動，並逐漸朝屋子的方向前進，這團東西不斷轉頭東張西望，謹慎地用嘴巴叼起吐司，再迅速抬起頭，謹慎地四處張望，之後，再往前跳躍一步，再低頭叼起下一塊吐司。

這團東西從窗戶移動到我的視線範圍，我終於忍不住大叫：「啊！我看到袋鼠了，袋鼠在吃吐司。」我的聲音讓窗外的袋鼠以迅雷不及掩耳的速度逃離，我竟傻傻地要打開門想要追出去。

此時身後忽然響起師父的聲音：「怎麼這麼沉不住氣呢？袋鼠已經被你嚇跑了，如果你現在出去，牠突然折返回來，你跑得過牠嗎？雖然牠是小個子，不過牠可是拳擊手，若被打一拳，可能會被打飛，我們可來不及去救你啊！」

轉身看見師父與一眾師兄們個個大笑，那一刻無限地慚愧、感恩湧上心頭，原來這是師父送給弟子的一份驚喜，以實際行動引導我認識袋鼠，指引我學會以慈悲心善待一切生物，以實際行動為弟子上了一堂生命教育的課程。

拊髀推舉　福報有我

辦報紙，是師父早年深藏於心的弘法大願。

一九九九年，我剛從南華佛教學研究所畢業，到法堂書記室任職。有一天師父召集書記室的我們到法堂，講解他五十年來辦報的心願。只見法堂的大桌子上擺滿了宴客的飛機餐盤，第一次在法堂被師父請客受寵若驚，師父開口說：「你們都去台北，去協助辦報紙吧！明天我在台北等你們。」語畢，師父便離座，留下我們瞠目結舌地互看對方。

第二天一早，書記室一行人浩浩蕩蕩北上。抵達台北道場時，師父已經等候我們多時。我們以師父為圓心，圍坐在他身旁，師父把身邊的報紙拿起來，簡介每份報紙的特色內容、編輯的重點與特色、新聞的重點與價值，指著其中一則新聞問道：「你們猜猜看，這則新聞有多少字？」就在我們胡猜亂說時，師父隨口說了他預估的字數，此時一位逐字逐句去算字數的師兄驚訝地抬頭說：「師父，您太厲害了，只差二個字而已。」

隨後就是重頭戲分配工作，那一刻，我的心莫名緊張、恐懼：我不是新聞系的，對新聞根本一竅不通，怎麼敢承擔編輯的工作？萬一搞砸了，怎麼辦？這是師父五十年來的心願，我什麼都不會，會不會讓師父的心願付諸流水？愈想就愈害怕，於是鼓足勇氣舉手：「師父，我有話要說。」

師父慈悲點頭應允，我站起身哆嗦地說：「我不喜歡新聞，也不看新聞、不聽新聞，我不適合編報紙。」說完，只見師父舉起右手，穩穩地朝他的大腿上一拍，隨後指著我，眉開眼笑地對我說：「好！就是你！」

有的師兄是一舉手，在宜蘭仁愛之家服務了三十餘年，我則是師父一舉手，在《人間福報》服務近二十年。當我靜下來回想這段「公案」時，才明白師父的用意，正是因為我討厭新聞、不愛新聞、不看新聞，師父才要我找到對新聞的熱情，找到對工作的歡喜，找到革除習氣的方式，找到關注社會，養成與大眾的脈搏共同跳躍的人間佛教性格。

為眾生忙　也為你忙

十餘年前剛接任《人間福報》社長時，總是擔心做不好而苦惱不已的我，特別回山請示。走進法堂，已有多位長老師兄陸續發言，聽著師兄們一件比一件盛況的報告、一個比一個困難的問題請示，突然意識到自己的報告、請示，好像都微不足道，好像不該麻煩師父。然而，要面對的問題仍舊無解，因此第二天再次到法堂，仍舊坐在最後，靜靜聆聽前面諸位師兄們的報告、請示，仍舊覺得不妥，就又默然離開。

第三天傍晚，當我再次「輪迴」，準備起身離開時，只聽聞師父喊了一句「過來坐下」，之後問我：「為什麼一連三天都沒有講話，就離開了？」我低頭回答：「師父這麼忙，我的問題實在太小，不敢麻煩師父。」這時，師父的大手握住我的手說：「我能為眾生忙，也能為你忙。」聞言，感動得淚眼婆娑，久久不能自已。

一句話從此成為我面對問題時，心中生起勇氣的力量泉源；一個方便善巧的握手，從此找到安定身心的方法，轉而成為傳遞師父溫暖人心的象徵。

素食博覽　走進佛館

二〇一一年夏，師父告訴我，希望在佛陀紀念館舉辦素食博覽會。當時佛館工程未完，處處塵土飛揚，我心裡暗暗叫苦。師父接著說：「素食博覽會在台北辦得這麼成功，每年都有數萬人去參觀。佛館要在年底落成，如果能事先辦一場素食博覽會，能把素食的廠商帶來佛館，大家就會走進來，那麼，佛館就能給大家認識。」

我立刻放下心中的疑慮，請師父指導素食博覽會的主題方向、呈現方式，並跟著師父認真查看合適舉辦的場地，最終師父拍板定案，就在「禮敬大廳」做展場，並叮囑一個半月後舉辦此活動，讓佛館「未演先轟動」。

問題出現了，既然要做專業的展覽，就必須有一定的空間規格布展，如今禮敬大廳尚在工程中，如何完成師父交付的任務？於是邀請與《人間福報》合作多年的硬體公司王崑池董事長前來勘景，他邊走邊皺眉，甚至告訴我：如果地面不平、樓梯沒有安全防護、沒有冷氣、沒有水電，他沒有辦法做。

幸好在師父的指導下，佛館工程組的配合、總本山都監院長慧傳法師發動全山普坡、南部道場住持主管一同拜訪南部五大縣市相關部門，將其農特產品、文化特色設為五座「縣市政府主題區」，高雄市政府更提供四條交通接駁路線，讓民眾免費搭乘前往佛館……眾緣成就中，佛館第一場素博會就在八月十九日一連舉辦五天，兩百五十個攤位、逾百家廠商，共同將會場展示為盛大的素食嘉年華會。最後一天甚至於佛館菩提廣場舉行「愛與和平宗教祈福大會」而延長至晚上九點才關館。師父在開幕式致詞：「佛館是屬於佛陀，也是全民共有的，《人間福報》在佛陀紀念館推廣素食展，意義是深遠的。」我再次感受到師父高瞻遠矚的眼光與胸懷，以及「為了佛教」的堅持與勇氣。

原汁原味　任重道遠

二〇一八年年初，領職到馬來西亞佛光文化服務。因緣際會下，接到歐洲覺芸法師的訊息，得知海外道場迫切需要漢語拼音的經本。於是我自告奮勇，承擔起《梁皇寶懺》的編務工作，並寫信給師父，請師父指導。

侍者妙廣法師轉達師父的指示：經典在中國四大翻譯家的努力下，從梵文翻譯成漢文，傳承至今，成為膾炙人口且廣泛流通的經典。這些經典的流傳，莫不以正體字書寫，因此指示，經文使用正體字，但可依各國需求，在旁邊加上注音、漢語拼音或是各國的文字。

得到師父的指導後，加上新馬地區總住持暨社長覺誠法師的指導，規畫出字大、易翻、易讀，並以編藏處出版的《佛光大藏經》為校對底本，在每一卷的隔頁上，放置相對應的十供養插圖，《梁皇寶懺》漢語拼音版在馬佛光文化全體通力合作下完成，其後也陸續編輯出版各項經本、懺本。

近日回山參加供僧法會，在過堂用餐之際，突然明白了一個道理，原來師父告訴我佛教的傳承需要傳統與現代的融合，制度、規矩或許會隨著時代更替而略有調整，但不變的是佛陀的教法；亦如過堂，形式或許會有些不同，但「食存五觀」的心卻是亙古不變，佛教的傳承與中國文化早已融為一體，若能將正體字傳播出去，亦如傳承佛法般，原汁原味，且任重而道遠。

走筆至此，思念師父的心緒亦發增上，曾經隨侍的畫面，不停地在腦海中重播。想起此次徒眾講習會期間，師父在影片上的一句話：「我們等著瞧！」一抬頭仰望師父的法相，師父的每一個方便善巧，每一句慈愛關懷，讓弟子慚愧有所不足，更感恩師父的提攜照顧，成就弟子無限弘法力量。因此，我想跟師父說，此生盡未來際，弟子將秉持師父的指導，扛起文化弘揚佛法的重任，繼續集體創作，制度領導，並且非佛不作，唯法所依。我們會努力讓「草布袋、麻布袋，一代勝過一代」，等您回來時，我們將雙手奉上一張成績單，讓您瞧見我們續佛慧命的使命與任務。謝謝師父。

有恆為成功之本

有恆法師
美國芝加哥佛光山監寺

有恆

「有恆為成功之本」，「有恆」是師父上人給我的名字，是師父上人的期許，更是我面對種種困難、種種考驗時，那無窮無盡的力量源泉。

師父接過了我的心

我雖然二〇〇八年才披剃出家，但我從小的夢想就是成為出家人或太空人，一直苦於沒有出家的因緣。當時因為師父宣布「封人」，又急缺能夠在西方弘法人才，我覺得不能再等待了，就毅然辭掉高薪的高級電子工程師工作，以及去麻省理工、史丹佛大學繼續深造的邀請，直接出家。回憶起我與師父的因緣，是早在出家前十多年前就開始了。師父早已開啟了我學佛的因緣。

「從苦空無常的傳統佛教，到歡喜自在的人間佛教。」我第一次參加的活動是在西來寺舉行的「國際佛光會北美幹部講習會」，當時我本身已經是佛教徒，在母親的接引下，走進了佛光山。是師父的「接心座談」，師父的智慧法語，瞬間把我的心打開了。我之前認識的佛教，都是苦空無常的教理、傳統嚴苛的修行，而師父口中描述的歡喜的佛教、人間的佛教，徹底粉碎了我對佛教根深蒂固的負面消極認知，轉而投注於人間佛教的真善美之中。我九歲時就皈依佛門，虛雲老和尚是我的師公。佛光山的「集體創作，制度領導，非佛不作，唯法所依」，對當時在美國的我非常震撼，所以在一九九八年，我堅決要再次皈依，皈投在星雲大師座下，從此更堅守佛光山的一師一道。

師父說：「我認識你！」在二〇〇三、二〇〇四年，師父在美國西來大學進行遠距線上教學。我們在新冠疫情期間才廣泛應用的Zoom會議，其實早在二十年前Zoom尚未被開發時，師父就使用Cisco的Webex演講上課了。當時全美僅有不到十所大學擁有遠距離上課的設備，可見師父的高瞻遠矚與西來大學的與時俱進，使遠在聖路易的我，也可以蒙霑法益。我不僅是場場必到，在美國長大的我，更是問題多多，幾乎每一堂課都能看到我頻頻發問。所以當我被引薦給師父認識的時候，師父才會說：「我認識你！」向大家讚歎我的學習精進。

「一諾千金，終生實踐。」出家後第一次去法堂向師父請安，發生了一件猶如禪宗師徒間的精采公案。在與師父用餐之後，轉身離去時，師父突然喊：「有恆！」然後用食指比了一個「1」。我不知所措愣在原地，完全不理解師父的用意。也許是師父體諒我中文不好，又比了比手指，說到：「記住，一個月要來和我吃一次飯。」不要讓他老人家每次叫，要自動自發地來。我出家後師父給我的第一課是：承諾與實踐。至此之後，不論身在何處，多麼繁忙，即使是三壇大戒戒期的那一個月，都是按時出現在師父身邊。這也是不久之後，無論如何都要實現翻譯《世界佛教美術圖說大辭典》的承諾，以及未來要對師父發下的種種發願、承諾，奠定了堅實的實踐基礎。

不可能的任務，我們就是能完成

師父對我的指導，印象最深刻的就是翻譯二十巨冊的《世界佛教美術圖說大辭典》。八年之間翻譯整部《美術圖典》，是師父一步一步指導我完成的。師父知道電腦是我的專長，問我：「有恆，你喜歡幹什麼啊？」因為西方非常需要佛教的英譯著作，我對師父說：「我很喜歡翻譯。」「很好，《美術圖典》的內容需要翻譯。」本來以為最多幾個月的工程，立刻爽快回答：「好啊！謝謝師父的安排。」但我一踏進編輯部才知道，這是可以載入史冊的鉅著，簡直是不可能完成的任務。

師父喜歡做這些巨大的偉業，而這些不可能的任務，佛光山就是能完成。之前，日本有出版社試圖編輯世界佛教美術全書，從資料蒐集開始，人力、物力、經費過於龐大就放棄了。在師父親自的指導與督促下，在佛光山與佛光會的集體創作之下，《圖典》中英文版內的照片，大多源於全球佛光人實地拍攝，甚至蒐集參考書、翻譯校對，處處都有佛光人的身影。

師父超凡的遠見，總是讓人驚歎，弟子都要逐漸思維，才能理解師父想的高瞻遠矚。《圖典》迄今為止是世界佛教美術的第一次大結集，師父無時無刻都在督促著編輯團隊，將英文版早日翻譯出版。師父的宏願是要讓《圖典》成為佛教藝術研究的基石，後世可在此基礎上增進完善，處處開花結果。而這套史無前例的藝術鉅著，不論是專家學者、編輯、翻譯的同業者，都一致認為至少要花費十年、二十年的時間才能完成。但師父一再強調三年內就要翻譯完畢。之後我才明白師父為什麼每個月都要我向他報告進度，沒有他的深思遠慮，二十年都不一定能夠完成。

一開始只有我一人負責翻譯，加上兩位義工協助，我發現僅憑我一己之力根本不可能完成。第一年，我就跟師父表示，要找的翻譯人員：第一，要精通中英雙語；第二，要了解佛教；第三，還要懂藝術、美術、建築這一類的專業。《圖典》涵蓋一百三十七個國家地區，上萬筆詞條，這種人才屈指可數。於是師父建議我不要只招義工，要聘請專家人士來翻譯。

有一天我開心地向師父報告，我們已經有一位執事，每天可以翻譯出一千個字喔！師父卻說：「有恆！可惜我不會英文。如果我會英文的話，每天可以翻譯一萬五千字。」師父是要讓我了解，怎麼行事才能最有效率，增加了我的動力。所以在許多年後的今天，隨著科技的進步，我目前正在進行的博士研究項目，專門編寫的佛光山AI翻譯軟體，終於可以達到師父所說：一日翻譯一萬五千字的目標了，進度可謂一日千里。

師父給了我很多不同的方法來完成翻譯工程，他舉佛教經典翻譯為例，為什麼很多經典有不同的翻譯版本，因為每位譯經者的觀點不同，他要我們不要太執著、追求完美，這些話也是在催促我們，要怎麼翻譯得更快。

在師父的鼓勵之下，《圖典》的翻譯，我從開始接手到出版花了八年，真正編輯的時間只有七年，腳步緊湊。儘量追隨師父的效率，把工作分攤出去，財務、人事這些點滴的困難，都是師父一步一步教導我怎樣解決的。到現在（二〇二三年），《圖典》已經出版超過七年了（英文版 *Encyclopedia of Buddhist Arts* 於二〇一六年五月出版），我每一次看到佛光山各別分院在海內外捐贈英文版《圖典》的新聞，甚至大英圖書館、哈佛大學等全球著名高等學府、圖書館、美術館爭相列入館藏，就非常欣慰師父的宏願得以實現。

困難重重，難行能行

事實上比翻譯更困難的是編輯，比編輯更難的是人事。我們有近一百五十位的翻譯人員，而翻譯專業各有千秋，就要靠編輯們把關，統一調整。師父則心細入微，特意教導我們如何從生活點滴上照顧來自英、美、加、澳等地的義工。師父說：他們大老遠來到台灣，許多事情會很不適應。有時會叮嚀我給他們買些麵包等西方食物。正因如此，這些西方人士才能安住在佛光山，一位英國的編輯更是一住就是五年，大家夜以繼日地編輯，《圖典》才得以早日出版。

編輯工作總算完成了，審稿時又遇到難題。我向師父報告：《圖典》中文版最後是邀請頂尖的教授來做審稿，但英文的佛教藝術教授稀有，可能連一位審稿都找不到。況且時薪會是中文版的百倍以上。師父直接說：「那你就自己來審稿啊！」我立刻回答：「師父，我不行呀！」「有恆！『不能』和『不行』不可以出現在你的字典裡。」師父用很嚴肅的語氣對我說。從那時開始，我開始將佛教藝術變成我的研究項目。在《圖典》出版之後，我才真正理解師父的苦心，從動中磨練，靜中養成。後來，知名的佛教藝術學者讚歎這部鉅著說，能把分為八大類、二十巨冊翻譯出來的人，早已是佛教藝術的全面專家了。後來我被派到美國服務，接到多所美國高等學府的佛教藝術演講邀請，甚至請我撰寫有關佛光山建築的論文，這些殊榮是翻譯《圖典》給我的磨練。

其實我的中文、對佛教藝術的美感，都是在出家之後，在師父一點一滴的督促中培養出來的。師父會隨機拿出一篇文章讓我讀給他聽，從最初完全沒有抑揚頓挫、標點斷句，到逐漸流暢。從我向師父說我不懂藝術，到能欣賞師父的一筆字，師父就是這樣慈悲，使弟子們快速成長。

「有恆為成功之本」，凡是有重大的人事問題我都會去請示師父。有一次，我抱著沉重的心情去法堂，師父正在寫一筆字，我坐在旁邊靜靜地等著。師父寫下一幅字「有恆為成功之本」，侍者問：「這幅是不是要送給有恆？」師父默默地點了點頭，然後特別落款二〇一一年。他體諒我從美國來，特意寫上西元年分讓我記住。感動之情溢於言表，我心中的煩惱瞬間煙消雲散。後來的日子裡，當我遇到大小困難，只要看到師父的墨寶，都會產生無限的力量，各種的困難與挑戰都能迎刃而解。

《星雲文集》影響我一生

做事簡單而練心難，師父的文字般若改變了我的人生。大學時期我中文還不是很好，當時網路並不發達，要一個字一個字地查字典。每天一則《佛光菜根譚》，弄明白師父講的是什麼，然後抄寫背誦。雖然一篇文章要看上兩三遍，漸漸看懂《往事百語》。師父的這些勵志語錄，改變了我整個人生觀。我發現一些知名人士的主題演說、哲學道理、勵志名篇，師父的智慧都將其涵蓋，並且簡單易懂地告訴我們人生的道理。所以我有一個志願，要把網路上的《星雲文集》全部看完。師父影響了我的一生，也影響了許許多多人的一生。師父雖然暫時離開我們，但師父的法身慧命無時無刻不在滋養著我們。

而師父的圓寂，猶如佛陀的涅槃，也是在向大眾現身說法，警醒弟子們要更加積極、加倍努力，傳承師父的精神。我們要將對師父的感恩、懷念，化作無比的力量，變成對眾生的發心發願。實踐對師父的承諾，成為師父的千百億化身，繼續發揚人間佛教的精神，承繼如來家業。

師父護佑我一生

黃美華師姑

佛光山文化發行部執行長

黃美華

洞察因緣的師父

接獲急難救助申請人自殺，在醫院急救的消息，我第一時間感到悲憤交加，心裡吶喊：「我們都答應要幫助你了，為什麼還要這樣做？」趕到加護病房，面對門上的按鈴，伸出手，按不下去。驚慌、無奈之下，只能回山向觀音菩薩哭訴。

從大悲殿出來，遇見師父上人。師父問：「你認識他多久了？」「剛認識。」師父一句話，我頓時澄心靜慮，回過神，清楚明白，也打起了精神。

再次趕到加護病房，我問他：「為什麼要這樣做？我很生氣，你知道嗎？」由於食道腐蝕，他無法出聲，手寫「很後悔」。我問他：「這樣做，你知道自己會去哪裡嗎？」他搖了搖頭。看他懊悔的樣子，我告訴他，要為他介紹一個好朋友，為他講說阿彌陀佛的六字洪名功德，陪他一起念佛。會客時間到了，臨走前留下念佛機，我握著他的手道祝福，那是一雙柔軟又溫暖的手！

回程路上，很高興他可以這麼快就恢復健康，心中又納悶：才經過急救的折騰，怎麼身體反而變好了？隔天接到他往生的消息，在協助他家人完成禮儀後，也慶幸自己有機會勇敢地面對，圓滿最後的訪視。

深深頂禮師父上人！師父洞察因緣的一句話，如觀音菩薩的清涼法水，能令熱惱的火焰，化為清淨的蓮花！

有神通的師父

為了落實「在地人關心在地事」的慈善工作，我們積極到各鄉鎮招募義工，進行一系列的培訓課程，讓義工學習時間管理，了解社會資源、訪視技巧、家系圖繪製等訪視、記錄、評估等基礎訓練。

那段時間，白天上班，晚上到各個鄉鎮推動培訓課程，雖然辛苦也樂此不疲。講師費是下班前，先向主管借用，完成一個培訓課程，就依「志願服務法」向內政部申請核銷，補助款撥下時，再歸還借款。

有一天，在選佛場遇見師父，師父問：「你的主管對你好不好？」「還好。」師父叮嚀：「有事情記得要來找我。」我一急解釋說：「前面一灘水，我可以跨過去，也可以繞過去。沒事的，師父！」「你的境界那麼高！」過了幾天，定和尚（當時的住持）來電：「美華！你來接慈善監院。」從此積極推動培訓課程，落實慈善事業在地化。

師父到印度菩提迦耶傳授首次的三壇大戒，我們配合辦理三場慈善公益活動。圓滿後，常住調派我留下來繼續後續的因緣。當時「在地人關心在地事」已完成十多個鄉鎮的慈善小組，落實社區關懷。組長、幹部後來也陸續成為佛光人，並擔任會長、督導，持續實踐人間佛教的終極關懷。

深深頂禮師父上人！適時支持著我完成心願，讓我在那一個因緣裡沒有留下缺憾。

扭轉乾坤的師父

「崧鶴樓」是全國第一座老人住宅，完工後需要委託經營，縣長余政憲找到佛光山，請常住協助承接。師父說：「政府有心，我們就應該來幫忙。」還特地從美國請來老人福利的專家。接受委託經營，簽約是四年一期，結果兩年半連換了三位主任。師父說：「我不相信佛光山辦不來，美華！你去。」我說：「我不是讀老人福利的。」師父說：「老人家不容易改變，不容易有回應。你只要記得不改變他，不要求他，把他們當作自己的長輩照顧，你這個主任就很好當了。」

就這樣，我們每天陪著老爺、夫人玩：長輩喜歡唱歌，我們增添設備，組織合唱團，做禮服，安排外出表演檔期。想打槌球、地面高爾夫球，帶長輩找場地、關注哪裡有比賽行程。希望唱京劇、吊嗓子，請長輩安排去拜訪眷村老師來開班。愛熱鬧，就帶長輩拜訪校長，安排小朋友下課後來公寓課後輔導，老少一家親！

長輩眼力不好，「讀報時間」知曉天下事。學養不錯、喜歡小孩的長輩，到小學、幼稚園開講「爺爺奶奶說故事」。或在夏令營當講師，當一張張PPT播出來，長輩們侃侃而談的生命故事，讓小孩充滿崇拜的眼光，望著智慧火光的長者。上電台，接受採訪，拍影片，長輩都是「崧鶴樓」的最佳代言人。

三餐飲食是長輩最有意見的地方，推舉長輩當主委、副主委成立伙食委員會，開會討論菜單，增加溝通。後又陸續成立活動委員會、居民會、樓層會。長輩在待人、處事上經驗豐富，我們尊重長輩，長輩也忙得開心。

年齡漸長，醫療支持和生活照顧的需求增加，我們善用資源，成立單元照顧區，減輕長輩身心和經濟的壓力。長輩安住後「呷好道相報」，去醫院把人帶回來參觀，更鼓勵親朋好友、老鄰居來參觀，熱情接待。工作人員和長輩間，建立起深厚的感情，願意對長輩多一份地了解和關懷。「崧鶴樓」的進住率和口碑都還不錯，終不負政府的委託。

有一天，我忽然發現師父的這句話：「不改變他，不要求他。」真的是威力無窮，更是扭轉乾坤救了我。因為長輩們都已經七、八十歲，身心都在調適，如果我們用自以為是的方式去安排，結果將是大家辛苦，長輩痛苦。

師父是如實地了知因緣，給人信心，讓我們樂於去與長輩相處，共同建構一個安心、安住、安老的居住環境。

真心對人好的師父

二〇一八年，師父上人大病初癒，有一天，他帶我到曼陀羅花園，指著一排鐵皮屋說：「你在這裡開一個店。」一旁的侍者開心說：「我們誤餐時，就可以來這裡。」我知道這個地點沒有人潮，不適合開店營業。師父說：「我們要給人一個看書、喝茶的地方。」「我們要把藏經樓和大雄寶殿連接起來。」當下深深感受到師父善體人意，觀察大眾需求，希望來山的人能有個歇腳、詢問的接待處，這是師父一片對人好的真誠，於是香花迎就如此建立起來了。現在回想，這也是師父親自囑託我辦理的最後一件事情！

香花迎開辦一段時間後，配合曼陀羅花園的天然景觀，慢慢所呈現的人文空間，更深刻體會到師父致力「傳遞知識・帶動閱讀」，在文化弘法的努力始終如一，他所交辦的事情就更具有深遠的意涵。

深深頂禮師父上人！感謝此生能有因緣遇到大善知識。師父如觀音菩薩一樣隨機感應，讓我有機會體悟到生命不斷變化中的各種可能性；也學習從不同的角度思考問題，轉換態度。期許自己日有長進，等到師父乘願再來時，不再是一個愚鈍的弟子。

國家圖書館出版品預行編目(CIP)資料

星雲大師的身教與言教：弟子如是說. 卷二/慧龍法師, 依照法師, 依宏法師, 依來法師, 永富法師, 永融法師, 如常法師, 慧得法師, 慧是法師, 滿舟法師, 滿可法師, 滿信法師, 滿益法師, 滿義法師, 滿徹法師, 覺用法師, 慧中法師, 慧東法師, 慧浩法師, 覺初法師, 覺禹法師, 覺元法師, 覺心法師, 妙祥法師, 妙佑法師, 妙樂法師, 妙宥法師, 妙穆法師, 妙勤法師, 妙開法師, 有恆法師, 黃美華作；依空法師主編. -- 第一版. -- 臺北市：遠見天下文化出版股份有限公司出版；[新北市]：香海文化事業有限公司出版；[高雄市]：佛光山文化發行部發行, 2023.12
面； 公分. -- (社會人文；BGB565)

ISBN 978-626-355-576-1 (平裝)

1.CST: 釋星雲 2.CST: 佛教 3.CST: 文集

220.7 112020719

社會人文 BGB 565

星雲大師的身教與言教——弟子如是說·卷二

作者 — 慧龍法師、依照法師、依宏法師、依來法師、永富法師、永融法師、如常法師、慧得法師、慧是法師、滿舟法師、滿可法師、滿信法師、滿益法師、滿義法師、滿徹法師、覺用法師、慧中法師、慧東法師、慧浩法師、覺初法師、覺禹法師、覺元法師、覺心法師、妙祥法師、妙佑法師、妙樂法師、妙宥法師、妙穆法師、妙勤法師、妙開法師、有恆法師、黃美華師姑

策畫 — 高希均　王力行
主編 — 依空法師

總編輯 — 吳佩穎
責任編輯 — 張立雯
封面暨版型設計 — 張議文
內頁排版 — 芯澤有限公司
圖片提供 — 佛光山

本書由遠見天下文化與香海文化共同出版

遠見　天下文化事業群
出版者 — 遠見天下文化出版股份有限公司
創辦人 — 高希均、王力行
遠見・天下文化 事業群榮譽董事長 — 高希均
遠見・天下文化 事業群董事長／CEO — 王力行
天下文化社長 — 林天來
國際事務開發部兼版權中心總監 — 潘欣
法律顧問 — 理律法律事務所陳長文律師
著作權顧問 — 魏啟翔律師
社址 — 台北市104松江路93巷1號2樓

香海文化
出版者一香海文化事業有限公司
創辦人一星雲大師
發行人一慈容法師
執行長一妙蘊法師
發　行一佛光山文化發行部（07）656-1921#6664～6666
香海文化悅讀網網一https://gandhabooks.com
法律顧問一舒建中、毛英富律師
登記證一局版北市業字第1107號

讀者服務專線 —（02）2662-0012｜傳真 —（02）2662-0007；2662-0009
電子郵件信箱 — cwpc@cwgv.com.tw
直接郵撥帳號 — 1326703-6號　遠見天下文化出版股份有限公司

製版廠 — 中原造像股份有限公司
印刷廠 — 中原造像股份有限公司
裝訂廠 — 中原造像股份有限公司
登記證 — 局版台業字第2517號
總經銷 — 大和書報圖書股份有限公司｜電話 — (02)8990-2588
出版日期 —2023年12月20日第一版第1次印行

定價 — NT500元
ISBN — 978-626-355-576-1
EISBN — 9786263555693（EPUB）；9786263555709（PDF）
書號 — BGB565
天下文化官網 — bookzone.cwgv.com.tw

天下文化
BELIEVE IN READING